AF501659

# COUTUMES ET INSTITUTIONS

DE

# L'ANJOU & DU MAINE

ANTÉRIEURES AU XVIe SIÈCLE

PAR

M. C.-J. BEAUTEMPS-BEAUPRÉ

Docteur en Droit,

Conseiller honoraire à la Cour d'Appel de Paris.

SECONDE PARTIE

RECHERCHES SUR LES JURIDICTIONS DE L'ANJOU & DU MAINE
PENDANT LA PÉRIODE FÉODALE

---

TOME TROISIÈME. — FASCICULE I

---

PARIS

A. DURAND ET PEDONE-LAURIEL, ÉDITEURS

Libraires de la Cour d'Appel et de l'Ordre des Avocats.

G. PEDONE-LAURIEL, Successeur,

13, RUE SOUFFLOT, 13

1893

ÇOUTUMES ET INSTITUTIONS

# DE L'ANJOU ET DU MAINE

ANTÉRIEURES AU XVIe SIÈCLE

SECONDE PARTIE

TOME TROISIÈME

## OUVRAGES DU MÊME AUTEUR :

**COUTUMES ET INSTITUTIONS DE L'ANJOU ET DU MAINE** antérieures au XVIe siècle. — Textes et documents avec notes et dissertations. 1re partie : Coutumes et styles, 1877-83, 4 vol. in-8.

*(Ouvrage qui a obtenu la première médaille au concours des Antiquités Nationales 1883.)*

**COUSTUMES DES PAYS DE VERMANDOIS ET DE CEULX DE ENVYRON**, publiées d'après le manuscrit inédit des Archives du département de l'Aube, 1858, gr. in-8.

**LE LIVRE DES DROIZ ET DES COMMANDEMENS D'OFFICE DE JUSTICE**, publié d'après le manuscrit inédit de la Bibliothèque de l'Arsenal, 1865, 2 vol. gr. in-8.

CHAUMONT. — Imprimerie et Lithographie. — CAVANIOL.

# COUTUMES ET INSTITUTIONS

DE

# L'ANJOU & DU MAINE

ANTÉRIEURES AU XVI^e SIÈCLE

PAR

M. C.-J. BEAUTEMPS-BEAUPRÉ

Docteur en Droit,

Conseiller honoraire à la Cour d'Appel de Paris.

SECONDE PARTIE

## RECHERCHES SUR LES JURIDICTIONS DE L'ANJOU & DU MAINE PENDANT LA PÉRIODE FÉODALE

TOME TROISIÈME. — FASCICULE I

PARIS

A. DURAND ET PEDONE-LAURIEL, ÉDITEURS

Libraires de la Cour d'Appel et de l'Ordre des Avocats.

G. PEDONE-LAURIEL, Successeur,

13, RUE SOUFFLOT, 13

1893

# TABLE DES MATIÈRES DU TOME III

---

*Le second fascicule de ce tome III paraîtra dans le courant de l'année 1894.*

*La table placée en tête du présent fascicule est une table provisoire qui sera remplacée quand ce volume sera terminé par une table définitive comprenant toutes les matières contenues dans le tome III.*

---

# CHAPITRE XXXV

## AVOCAT DU ROI. — FONCTIONS

Ces fonctions étaient fort anciennes, mais je n'ai trouvé aucune mention antérieure au 16 juin 1399, date à laquelle Olivier Tillon avocat de la Reine de Sicile est présent avec Etienne Fillastre à l'assise d'Angers où P. de Beauveau prête serment de féauté comme bail des enfants de feu Jean de Coulaines (1).

Il y a eu à cette époque deux personnages du nom d'Olivier Tillon, probablement les deux frères puisqu'on les distingue l'un de l'autre par leur âge, l'aîné et le jeune. Tous deux faisaient partie du conseil, et en cette qualité assistaient à l'assise d'Angers du 18 décembre 1385 où fut publiée une ordonnance du conseil relative aux notaires d'Angers. Mention est faite en outre d'une opinion d'Olivier Tillon le jeune dans une décision recueillie en dehors des coûtumes (2).

Un des deux Olivier Tillon a rempli les fonctions de sénéchal ou juge ordinaire de Mirebeau de 1396 au 12 avril 1409 environ (3). Je suppose que c'est celui qui

---

(1) P 1334[4], f° 63 v°.

(2) Coûtumes d'Anjou et du Maine, t. IV, p. 484 et 518. Il est très souvent question des deux Tillon dans le règlement de 1389 sur la compétence respective du sénéchal et du juge ordinaire. Bibl. d'Angers, ms. 921, f° 29 r°; ci-dessus, t. II, p. 507.

(3) P 331, n° CXXXI; 330, n° XLIII; 331, n° CIX, ancien classement.

était avocat d'Anjou, car son successeur Robert Lemaczon a été aussi chargé de ces deux fonctions.

Robert Lemaczon remplaça Olivier Tillon comme avocat d'Anjou avant le 8 juillet 1404 ; c'est à cette date que pour la première fois je trouve son nom avec l'indication de ses fonctions (1).

C'est un peu plus tard, comme on vient de le voir, qu'il le remplaça comme sénéchal de Mirebeau ; il l'était certainement les 28 mai 1411 et 18 août 1412 dates auxquelles il est remplacé, mais où il est fait mention de lui comme titulaire de la fonction (2).

Robert Lemaczon était remplacé à Mirebeau par Michel Jarzé en 1431, probablement depuis assez longtemps ; mais je n'ai pu trouver à quelle date.

Il a dû conserver ses fonctions d'avocat du Roi jusqu'à une époque entre 1427 et 1433. Au mois d'octobre 1423 il est fait mention de lui comme faisant partie du conseil (3) ; il n'est pas dit à quel titre, mais comme dans le surplus du registre (qui d'ailleurs s'arrête à cette année) il n'est fait mention d'aucun autre avocat du Roi, on doit supposer que c'est à ce titre que sa présence est constatée au conseil, et que c'est entre 1427 et 1433 qu'il a été remplacé par Guillaume Delacroiz (4).

Celui-ci était avocat du Roi ou avocat fiscal au mois de juillet 1433, et il a continué ces fonctions au moins

(1) P 1334[4], ff. 68 v° et 71 v°.

(2) P 329, n° IX et n° XX, ancien classement.

(3) P 1334[4], f° 149 v°.

(4) V. dans le chapitre suivant les articles relatifs à Guillaume et Louis Delacroiz, p. 28 et suiv.

jusqu'au 30 juin 1455 (1). A partir de cette époque son nom ne reparaît plus dans les quelques circonstances où la présence de l'avocat est constatée.

Il fut remplacé par Jean Lelou qui devait être un personnage notable, puisque dans les années 1455 et années voisines son nom figure parmi les personnages siégeant au conseil. C'est ainsi que le 27 octobre 1455 il est présent au conseil tenu pour aviser sur des entreprises de la juridiction royale des Grands Jours de Poitou sur des sujets du Roi de Sicile et au préjudice de ses droits (2), et que le 6 octobre 1457 il assiste aux lettres de répit accordées au duc de Bretagne pour l'hommage de Chantocé et d'Ingrandes (3). Mais dans ces circonstances la place à laquelle son nom est mis prouve que s'il faisait partie du conseil il n'était pas encore avocat du Roi, puisqu'il est mis à la suite de plusieurs membres sur lesquels l'avocat avait la préséance. Ce n'est qu'à la date du 3 mai 1458 que les registres constatent sa qualité d'avocat du Roi (4), en cette qualité il reçoit avec le conseil la citation donnée au Roi de Sicile, comme pair de France, pour venir siéger au jugement du procès fait au duc d'Alençon.

Il était en fonctions au mois de novembre 1473, à cette époque il est chargé par le Roi René avec le juge ordinaire de mettre Jean Perrot en possession de l'abbaye de Toussaints d'Angers, et le 30 du même mois il est pré-

---

(1) P 1334[5].
(2) P 1334[5], f° 148.
(3) P 1334[6], f° 199 v°.
(4) *Eod.*, ff. 242 v°, 243 r°.

sent avec beaucoup d'autres à l'offre que fait le seigneur de Brosse à la porte du château d'Angers de son hommage lige à raison des terres de Chantocé et d'Ingrandes (1).

Lelou avait cessé ses fonctions avant 1477. Nous trouvons son successeur Jean Bridé assistant le 5 juillet 1477 à la prorogation d'une affaire concernant la segraierie des forêts de Baugé et Chandeloys (2).

Après la mort du Roi René, Bridé fut maintenu le 14 septembre 1480 par Louis XI dans « l'office de nostre advocat fiscal en nostre seneschaucie et par toutes nos cours, sieges et juridicions royaulx, et en touz noz affaires de nos pays et duché d'Anjou qu'il a tenu par cy devant du vivant de nostre feu oncle »... Le 23 septembre il prêta serment entre les mains de Jean Belin lieutenant du sénéchal à Angers et au ressort qui le mit et institua en possession et saisine de ses fonctions (3).

Bridé avait prétendu être seul avocat d'Anjou. Mais malgré l'appui que sa réclamation paraît avoir trouvé auprès de la chambre des comptes, il dut admettre la présence d'un avocat fiscal à Saumur (4).

Je n'ai trouvé aucun document sur ceux qui auraient pu remplir ces fonctions à Baugé.

Les fonctions d'avocat à Saumur étaient remplies en 1454 et 1455 par Hugues Payen qui était en même temps juge de la prévosté. En septembre 1454 il est mandé par

(1) V. la notice sur Jean Binel, t. II, p. 110; P 341 n° II, f° 6 r°, ancien classement.

(2) P $1334^{10}$, f° 85 r°.

(3) P $1334^{11}$, f° 10 v°.

(4) *Eod.*, f° 20 v°.

le conseil en même temps que le procureur pour apporter les procès, copies et impétrations des marchands et autres plaidoiries qui ont eu lieu depuis le 19 février précédent sur le fait des marchands de la Loire. Plus tard en novembre 1454, février et juin suivants, il fait un rapport au conseil sur le procès relatif à la saisie des revenus du prieuré de Cunault (1). Ses fonctions paraissent s'être étendues au Mirebalais.

Après lui, nous trouvons Antoine Bernier qui était en fonctions au moment de la mort du Roi René et qui fut confirmé par Louis XI. Aussitôt qu'elle en est informée par Bridé, la chambre des comptes d'Angers écrit au procureur de Saumur que cette obtention de nouvelles lettres consacre une nouveauté au préjudice du droit de Bridé, car il n'y a jamais eu par le temps passé qu'un seul avocat fiscal pour tout le pays d'Anjou, le procureur et Bridé devront s'entendre pour s'opposer à la réception de Bernier ; et dans le cas où cette opposition serait repoussée par le motif qu'il aurait déjà prêté serment pour ledit office, Bridé devrait de suite appeler au Parlement. Il perdit son procès ou ne donna pas suite à son appel, car en octobre 1508, lors de la publication de la coûtume réformée d'Anjou, Jean Cerizay y assiste comme avocat à Saumur (2).

A cette époque Bridé n'était plus en fonctions, il était remplacé par un autre Jean Leloup, probablement le fils du prédécesseur de Bridé (3). C'est lui qui figure comme

(1) P 1334[3], ff. 78 v°, 117 r°, 124 r° et v° et 129 r°.
(2) Coût. Gén., t. IV, p. 585.
(3) Coût. Gén., t. IV, p. 585, 586.

avocat du Roi à la réformation et publication de la coûtume d'Anjou.

Ce Jean Leloup avait eu un autre compétiteur pour les fonctions d'avocat du Roy en Anjou, c'était un nommé Jean Ferrault. Ce dernier s'était fait instituer par le juge de la prévosté du Mans. Sur l'appel de Leloup, la sentence du juge de la prévosté fut infirmée, et les parties renvoyées devant les maîtres des requêtes de l'hostel pour faire telles requêtes et conclusions qu'ils voudraient l'une à l'encontre de l'autre touchant led. office d'avocat en Anjou prétendu par chacune desd. parties ; l'arrêt est du 18 mars $150\frac{0}{1}$, prononcé le 7 avril suivant (1).

L'avocat du Roi de Sicile, appelé souvent *l'avocat* sans autre désignation, avait pour fonctions de porter la parole au nom du Roi de Sicile duc d'Anjou dans les circonstances où ses intérêts étaient en jeu. Il faisait partie du conseil d'après le règlement du 8 mai 1453 qui, sur ce point comme sur bien d'autres, ne fait que consacrer des usages plus anciens. Il avait rang avant le procureur et cela ne résulte pas seulement de ces documents anciens, mais aussi des procès-verbaux de réforme et de publication de la coûtume d'Anjou en octobre 1508 (2).

L'avocat du Roi avait eu sans doute le pouvoir de se faire remplacer par quelqu'un de son choix. Mais il est bien probable qu'à raison de l'importance toujours croissante de ses fonctions il y eut un magistrat créé pour le remplacer sans désignation spéciale. Nous trouvons en effet dans les procès-verbaux de publication et de réfor-

(1) Parlement, *Conseil*, X^IA 1506, f° 84 r°.
(2) Coûtumier général, t. IV, p. 585.

mation de la coûtume réformée d'Anjou Jean Richoudeau qui y figure avec la qualité de substitut de l'avocat du Roi (pages 585, 586).

L'avocat du Roi faisant partie du conseil, il n'est pas toujours facile de savoir d'une manière positive quelle est la qualité en laquelle on le voit figurer dans telle ou telle circonstance, car sa présence est associée tantôt à celle du procureur, tantôt à celle des autres magistrats. Il est probable que, au moins dans le conseil et à la chambre des comptes, son rôle était moins actif que celui du procureur d'Anjou, car on le rencontre beaucoup moins souvent.

Il assistait à toutes les audiences des assises dans lesquelles le juge ordinaire devait statuer sur des affaires dont la solution pouvait intéresser les droits du Roi de Sicile ; sa présence et son opinion y sont mentionnées de même que celles du procureur (1).

Il prenait part avec le procureur à la rédaction des règlements concernant ce que nous appellerions aujourd'hui le pouvoir réglementaire des administrations publiques ; le 6 avril 1442 après Pasques, il siège au conseil où est adopté un règlement concernant la boucherie des Ponts de Sée (2), le procureur Louis Delacroiz assistait aussi à cette séance.

---

(1) Sentence de Gilles de la Réauté du 18 décembre 1439 au sujet de droits de justice réclamés par le prieur de Champigny — « en la presence et du consentement de l'avocat et du procureur de la court nous en avons envoyé ledit prieur sans jour et sans rien juger en cause, et donné congié de user de ses droiz » (P 338, n° XIX, ancien classement).

(2) P 1334$^{6}$, f° 52.

De même que le procureur, l'avocat participait à la représentation de la personne du duc d'Anjou ; le 3 mai 1458 Jean Lelou reçoit avec le conseil la citation donnée au Roi de Sicile comme pair de France pour le procès du duc d'Alençon (1).

De même aussi que le procureur, l'avocat intervenait dans les aliénations des choses du domaine du Roi, et de même que lui, et quelquefois avec lui il intervenait aux actes d'instruction préliminaires à ces aliénations (2).

Je crois que c'est plutôt comme membre du conseil que je trouve son intervention en 1464 et 1467 à des adjudications des pavages et barrages d'Anjou, ou du bail du merc des assises d'Angers (3) ; cela rentrait certainement dans les pouvoirs qu'il avait sur les actes emportant transmission de propriété ou qui pouvaient porter une atteinte indirecte à la propriété du Roi. C'est par application de ses pouvoirs que Jean Lelou avocat du Roi stipulant pour et au nom dudit seigneur, intervient en son nom pour l'acquisition de plusieurs immeubles joignant la Maine près de Reculée, les 22 mai, 1er, 10 et 11 juin 1465 (4).

Le 26 juillet 1404 Robert Lemaçon est témoin à une transaction entre ledit seigneur et Juliote Pelerin unique héritière de feu Jean Pelerin, au sujet des sommes dont

---

(1) *Eod.*, ff. 242 v°, 243 r°.

(2) Visite de lieux et avis pour baillée à rente du 4 février $144\frac{6}{7}$ ; P 1334[5], f° 103 r°.

(3) P 1334[8], ff. 49 r° et 189 v°.

(4) P 329, n[os] IV, XIX, XX, XXI, ancien classement.

il était redevable à raison de son administration comme gouverneur principal des finances du Roi de Sicile (1).

Le 7 avril 1442 après Pasques l'avocat intervient avec le juge d'Anjou, le procureur, Thibaut Belin procureur de Baugé, et beaucoup d'autres à un arrangement entre le Roi de Sicile et l'abbaye du Loroux au sujet de droits de chasse et garenne dans les forêts de Monnoys et Chandeloys (2).

Dans diverses circonstances, c'est l'avocat du Roi qui paraît spécialement chargé de faire au conseil la remise de lettres de diverses natures (3).

Au surplus l'intervention de l'avocat du Roi dans nombre de circonstances était provoquée par le conseil. Dans le courant de l'année 1404, à une époque qui doit coïncider avec son entrée en fonctions, Robert Lemaczon reçoit trois comptes de feu Guillaume Bequet pour faire un mémoire qui doit être remis au Parlement. A la même époque, à l'occasion de réparations nécessaires à la terre de Louppelande, il est chargé avec le juge qui était alors Etienne Fillastre de voir les lettres d'héritage (c'est-à-dire les

---

(1) P 329, n° XXXI, ancien classement.

(2) *Eod.*, n° LIII, ancien classement.

(3) A. A trois reprises différentes les 24 novembre 1404, 12 février $140\frac{4}{5}$ et 14 février $140\frac{5}{6}$ il remet au conseil en présence de la Reine des lettres en blanc scellées du sceau du Roi (P 1334[4], ff. 74 r°, 82 v°).

B. Le 4 juillet 1412 il apporte les lettres patentes de la duchesse de Penthièvre du rallongement pour un an de la grace par elle accordée pour le rachat de La Roche-sur-Yon (*Eod.*, f° 123 v°).

C. Le 2 mai de l'année suivante, avec l'évêque d'Angers, chancelier, il apporte les lettres faisant mention du mariage de la fille du Roi de Sicile avec le second fils du comte d'Alençon (*Eod.*, f° 126 r°).

titres de propriété), d'en faire un rapport au conseil, et de faire un inventaire dont ils rapporteront le double (1).

L'avocat me paraît avoir eu aussi à intervenir fréquemment lorsqu'il s'agissait des aveux ; son intervention paraît aussi fréquente que celle du procureur ; il était sans doute chargé de porter la parole dans les affaires nombreuses que suscitait la poursuite des aveux, et à cette accasion, il recevait aussi les mêmes communications que le procureur et les autres officiers du Roi de Sicile.

Un débat assez vif s'engagea en 1453 entre le duc d'Alençon et le Roi de Sicile au sujet des élûs dans la vicomté de Beaumont. Ce débat fut porté devant le conseil qui fit répondre aux envoyés du duc que cette question n'était pas dans ses attributions. G. Delacroiz avocat fiscal profita de la présence à Angers de ces envoyés pour leur demander que monseigneur d'Alençon baillât son aveu et qu'il répondît aux diverses défections (2) relevées dans l'aveu fait par son père. Les envoyés qui étaient le chancelier du duc et autres personnages demandèrent un renvoi au lendemain (3), mais ce lendemain ils ne paraissent pas avoir fait de réponse précise sur ce point et ont simplement demandé un délai pour toutes les causes que le duc avait pendantes à l'assise d'Angers, ce qui comprenait les causes d'aveux.

Les aveux de Chantocé et d'Ingrandes donnèrent bien

(1) P. 1334[4], ff. 71 v°, 76 r°.
(2) Fautes ou erreurs de toute nature.
(3) P 1334[3], ff. 49 v° et 50.

de l'occupation à l'avocat du Roi. Le 6 octobre 1457 il intervient aux lettres de répit qui furent accordées au duc de Bretagne pour l'hommage de ces deux seigneuries (1) ; puis le 16 janvier 146$\frac{5}{6}$ il revoit avec Alardeau receveur d'Anjou une minute pour les hommages de Chantocé (2). Et enfin ces seigneuries ayant changé de propriétaire et étant passées en la main des seigneurs de Rais, l'un d'eux seigneur de la Brosse qui en était propriétaire se présente à la porte du château d'Angers le 30 novembre 1473 à une époque où le Roi de Sicile était en Provence, pour faire foi et hommage lige. La déclaration fut faite dans les formes prescrites par la coûtume de 1463, art. 77, et il en fut dressé un procès-verbal auquel figure Jean Lelou avocat fiscal (3).

C'est à raison de cette intervention fréquente en ce qui concernait les hommages que nous trouvons l'avocat du Roi à Saumur compris parmi ceux auxquels le conseil donne avis le 7 janvier 145$\frac{3}{4}$ de la remise faite par le Roi de Sicile au cardinal d'Estouteville du rachat du prieuré de Cunault (4).

Par analogie, la surveillance du recouvrement des droits de ventes pour aliénations lui appartenait aussi. Le même avocat du Roi reçoit le 10 octobre 1452 un avis de la chambre des comptes au sujet de terres en Mirebalais qui avaient été saisies pour ventes non payées (5).

L'avocat du Roi à raison de sa situation était compris

(1) P 1334[6], f° 199 v°.
(2) P 1334[8], f° 127 r°.
(3) P 341, n° II, f° 6 r°, ancien classement.
(4) P 1334[5], f° 78 v°.
(5) P 1334[5], f° 125 v°.

parmi les personnes auxquelles le conseil s'adressait pour avoir son avis dans des circonstances déterminées. Ces demandes s'adressaient même à d'autres qu'à celui d'Angers ; lors de difficultés survenues en 1453 entre les officiers de Saumur et l'évêque d'Angers, l'avocat à Saumur est compris parmi les personnes auxquelles il écrit pour demander leur avis sur ce qu'il peut y avoir à faire (1).

Nous le voyons également assister à des séances du conseil dans lesquelles il s'agit soit d'une prorogation de délai accordée le 25 mai 1434 à l'évêque d'Angers pour attaquer des actes du procureur d'Anjou (2), soit d'un arrangement du 17 octobre 1452 entre le Roi de Sicile et l'évêque d'Angers au sujet de l'arrestation de clercs (3) ; mais comme il faisait partie du conseil, il n'y a aucune conséquence spéciale à tirer des délibérations auxquelles il a assisté dans ces deux circonstances.

---

(1) P 1334[5], ff. 54, 57 et suiv.
(2) P 1334[5], f° 71 r° et v°.
(3) *Eod.*, f° 128 r°.

# CHAPITRE XXXVI

## PROCUREUR D'ANJOU.

### § 1.

### *Procureur d'Anjou en général. — Origine.*

Nous avons vu ci-dessus quelles étaient les fonctions des baillis d'Anjou et du Maine (1). De même que les baillis du Roi de France, les baillis du comte d'Anjou et du Maine réunissaient dans leurs mains le double pouvoir de magistrats rendant la justice et de représentants du Roi ou du comte dans un grand nombre de circonstances dont les unes, telles que la perception ou le recouvrement des droits dûs au souverain sont étrangères au droit de rendre la justice, les autres sont entièrement contradictoires avec le droit de prononcer comme juges sur les matières dans lesquelles leur intervention est constatée.

Les cas dans lesquels intervient le bailli du Roi comme poursuivant les droits du Roi sont très nombreux au XIIIe siècle, je n'en veux citer que quelques exemples tous empruntés aux pays les plus voisins de l'Anjou et du Maine.

Le bailli d'Orléans réclame au Parlement la justice

---

(1) Tome I, p. 393 et suiv., p. 533.

des mesures de blé et de vin à Montlhery ; c'est lui qui expose les raisons que le Roi avait à faire valoir, *dicebat pro Rege* (1).

Quelques années après il lui est enjoint de faire saisie des biens de l'abbaye de Pont-Levoy hors de la clôture pour faire désister les moines de leurs envahissements sur la justice laye du seigneur d'Amboise (2).

Le bailli de Tours reçoit l'ordre de supprimer (*càdere faciat*) sur la plainte des moines de Marmoutier la garenne faite par le comte de Blois, si elle est nouvelle (3).

Plus tard il est en procès *pro domino Rege* contre l'abbé et le couvent de Marmoutier qui prétendaient n'être tenus de plaider que devant le Roi en son Parlement et non devant son bailli ; c'est le bailli revendiquant au nom du Roi sa propre juridiction qui est sur ce point en procès avec ses adversaires (4).

Ce dernier exemple doit d'autant plus être remarqué qu'il appartient à une époque où déjà on peut constater l'existence d'un représentant du Roi ou du comte dont les fonctions sont difficiles à bien définir à son origine, mais auquel on donne le nom de procureur du Roi ou du comte, et qui est dans une limite assez étendue le représentant de l'autorité du souverain.

---

(1) Olim, t. I, p. 571, n° XIII, Parlement des Octaves de la Chandeleur 1263.

(2) Olim, t. II, p. 138, n° XXVII, Parlement de la Pentecoste 1279.

(3) Olim, t. II, p. 139, n° XXX, Parlement de la Pentecoste 1279.

(4) Olim, t. II, p. 431, n° III ,veille de l'Epiphanie, Octaves de la Toussaints 1307.

Il en était de même dans l'Anjou et le Maine. Le bailli au XIIIe siècle est le représentant de l'autorité du comte. En 1293, les gens (*gentes*) du comte Charles, comte de Valois, d'Anjou, d'Alençon et de Chartres avaient voulu justicier sur un nommé Lhospital et ses hommes, et avaient saisi ses biens. Lhospital se plaint en Parlement en disant que ses biens sont en la garde du Roi, et il en demandait la récréance ; le Parlement admit sa demande malgré les réclamations du bailli... *ballivo predicti comitis in Andegavia contrarium asserente et dicente predicta per se fieri debere* (1).

Vers la même époque le bailli d'Anjou est chargé de faire payer par le garde de la prévosté de Baugé une rente dûe à une chapelle dans la collégiale de Saint-Martin d'Angers et de la comprendre dans ses comptes (2). Ainsi nous retrouvons à côté des baillis royaux les baillis du comte avec la même confusion de pouvoirs, qui représentent le comte en justice, assurent le paiement des rentes qu'il a constituées au profit d'églises, et lui rendent compte de la gestion de ses revenus.

Mais à cette époque on rencontre déjà le nom de procureur du comte qui réunit à cette fonction celle de receveur de ses rentes, et ce procureur et receveur qui s'appelle Henri de Charlons donne en décembre 1283 au prieuré de Gouiz quittance de droits d'amortissement pour un combre établi dans le Loir à Gouiz (3).

---

(1) Olim, t. II, p. 360, n° XXII, Parlement de la Toussaints 1293.

(2) Dom Housseau, t. VIII, n° 3418, Arch. de Saint-Martin d'Angers. Ordonnance du comte Charles du 20 avril 1301.

(3) ..... « Ge mestre Henrri de Charlons proculierres et rece-

Ce n'est pas cependant dès le premier moment que ces fonctions prennent une existence indépendante les unes des autres ; nous trouvons en effet, en 1295, le bailli de Tours prenant seul la défense des droits du Roi et portant pour lui la parole contre le sénéchal d'Anjou et du Maine qui réclamait en vertu de ses droits de sénéchaussée une partie dans les amendes prononcées dans le ressort de sa sénéchaussée (1) ; et au mois d'avril 1301 le comte d'Anjou en fondant une chapelle à Angers la dote d'une rente assise sur la prévosté de Baugé, laquelle sera payée par le prévost qui en cas de non payement sera contraint par le bailli (2).

D'un autre côté cet acte de 1283 n'est pas isolé, et le *proculierres* dont il parle pourrait bien être l'ancêtre de la série nombreuse des procureurs des Rois de Sicile dans les divers sièges de leurs juridictions d'Anjou et du Maine ; car *frère sire Renaut Barbou* dont il est question en 1302 (v. t. I, p. 395) me paraît bien être un procureur du comte. On est en effet devant des commissaires du Roi de France chargés de statuer sur des réclamations de sujets du comte d'Anjou et du Maine relatives à une aide qu'il veut lever sur eux ; les procureurs des sujets demandent que ceux qui se présentent au nom du comte

vierres des rentes nostre segnor le Roi de Jerusalem et de Cecille en Anjo e au Maine, ei eu e receu au nom de nostre seignor le Roy dessusdit..... Ce fut fet à Baugé le joesdi emprès la Saincte Luce, l'an de grace mil [dous cens] quatre vings e troys ; » (Cartulaire de Gouiz, f° 46 v°, Bibl. nat. Lat. 5447).

(1) K. 214, n° 19; Ex regestro rerum Andegavensium cameræ compotorum Parisiensis, f° 77.

(2) Fondation d'une chapelle dans l'église collégiale de Saint-Martin d'Angers, 20 avril 1301 (Paques le 2 avril) ; Dom Housseau, t. VIII, n° 3418, Archives de Saint-Martin d'Angers.

justifient de leur qualité ; mais ceux-ci répondent que « les genz le conte i sont souffisaument, comme le chevecier de Chartres chancelier le comte, et frere sire Renaut Barbou »... Il est donc compris dans la catégorie des gens du comte dont les pouvoirs sont pleinement établis par les fonctions mêmes qu'ils exercent, et ils « sont mestres et gardes de la terre le conte avecques autres, le baillif d'Anjou et du Maine pour le conte, et le receveur desdiz lieus pour le conte »... Il me paraît impossible de ne pas voir un véritable procureur du comte dans un personnage dont les fonctions sont ainsi définies (1).

C'est encore un véritable procureur du comte que ce Jean Besnel, qualifié clerc et procureur du comte, qui se trouve avec les commissaires pour les aides (source intarissable de difficultés) et « autres certaines besoingnes » que le comte Charles avait envoyés dans les comtés d'Anjou et du Maine. Ce Besnel était en même temps chargé par le comte d'une « besoingne que nous avons à faire » contre Thibaut Lescuïer de Seuz (Seez ?) et contre l'abbé et le couvent de Tyron, besoingne qui devait prendre son temps jusqu'après les octaves de la mi-août.

Le comte écrit aux commissaires afin qu'ils l'ayent pour excusé « quer ce lui avons fait faire » ; et il ajoute : « Et pour ce par la teneur de ces presentes lettres nous vous donnons plain povoir et poste (2) de metre autre pour nous en non de nous et d'establir en lieu de lui souffisant qui puisse estre se mestier est esdites besoingnes proposer et deffendre, et avons et aurons ferme et

(1) J 178, Anjou, n° 61.
(2) Pour pooté, *potestas*.

estable ce que par vous ou par celui que vous y mettrés sera fait es devantdites choses »... (1). C'est un véritable procureur du comte que celui qui peut ainsi se présenter au nom du comte comme demandeur ou défendeur, *proposer et deffendre*, et qui en cas d'absence ou d'empêchement peut être remplacé par la juridiction auprès de laquelle il a été établi.

On peut dire que dès cette époque les fonctions de procureur du comte sont définitivement constituées, car très peu d'années après, toujours à l'occasion des difficultés pour la levée des aides, le comte Charles en donnant le jeudi jour de la Saint-Marc 1314 commission pour statuer sur les difficultés qui peuvent surgir à Pierre de Bleno et à « maistre Estienne de Mornay nostre clerc et chancelier », leur donne en même temps pouvoir de procéder au recouvrement des aides qui lui sont dues « nostre procurateur appellé et nosdiz barons et tous ceux qui feront à appeller »... (2).

Ainsi, l'existence d'un procureur du comte d'Anjou nous est démontrée dès les dernières années du XIIIe siècle; les pouvoirs qui résultent pour lui du mandement de 1309 sont des pouvoirs généraux et permanents, et autres que le pouvoir de juger; il représente le comte auprès de commissaires chargés d'informer et de statuer sur des affaires déterminées, et en outre l'affaire à traiter avec Thibaut Lescuïer et l'abbaye de Tyron dont le comte l'a chargé semble bien, d'après les expressions de ce man-

(1) Mandement du comte Charles daté de Crecy le lundi avant la Saint-Pierre-es-Liens 1309; J 179, Anjou, n° 73, original scellé.

(2) J 179, Anjou, n° 84, original scellé.

dement, devoir être considérée comme une poursuite ; en 1314 il doit être appelé auprès de commissaires chargés comme en 1309 de difficultés sur des aides. Enfin en 1335 Philippe de Valois comte d'Anjou devenu Roi de France l'appelle « notre procureur en la comté d'Anjou » ; en cette qualité il revendique au nom du Roi (1) contre le comte de Vendôme la souveraineté et ressort sans nul moyen des religieux, abbé et couvent de Vendôme, de tous leurs hommes, terres et possessions, et le 20 août 1335 en présence du Roi, de son conseil, de son procureur et de plusieurs autres le comte de Vendôme reconnaît le bien fondé des demandes faites par le procureur « pour nous et en nostre nom »...

Les lettres de Philippe de Valois du 3 septembre 1335 que je viens de citer, en ne parlant que du procureur en la comté d'Anjou, semblent devoir faire admettre que dès cette époque il y avait un procureur au Maine indépendant ou à peu près de celui d'Anjou. Je m'occuperai plus tard de quelques questions spéciales au Maine : je me contente de faire observer ici qu'après la période qui précède celle des ducs d'Anjou comtes du Maine de la maison de Valois, le premier nom de procureur que je rencontre est celui d'un procureur au Maine, Nicolas Le Chandelier qui le 18 août 1359 avec le lieutenant du receveur d'Anjou et du Maine procède à une adjudication (2).

(1) Dom Housseau, t. VIII, n° 3585, Archives de Saint-Clément-de-Craon d'après une copie collationnée ; l'original est à Vendosme (D. H.).

(2) P 329, n° XXIIII, ancien classement.

Puis l'administration de l'Anjou se trouva aussi trop compliquée pour qu'un seul procureur y pût suffire, et une ordonnance du Roi de Sicile Louis II arrêtée dès le mois de mars 1400 (*n. s.*) et scellée seulement le 31 mai suivant en établit deux autres à Baugé et à Saumur : « Pour ce que nous avons entendu que la charge d'un seul nostre procureur en nostre païs d'Anjou a esté et seroit trop grande, consideré la distance de nostredit païs auquel il a troys ressors, nous avons ordonné que en chascun desdiz ressors ait un nostre procureur aux gages qui cy après sont declairez : c'est assavoir cellui d'Angiers et du ressort L l., et les autres deux chacun XXV l. par an » (1).

Cette différence de gages montre bien que les deux nouveaux procureurs créés à Baugé et à Saumur se trouvaient dans une position subordonnée relativement à celui d'Angers qui était toujours le procureur d'Anjou, on lui donne même assez souvent le titre de procureur général. Le procureur du Mans quoique ayant une existence aussi ancienne lui était aussi subordonné comme nous aurons occasion de le voir plus d'une fois.

Outre ses gages fixes, le procureur d'Anjou, en vertu de lettres du Roi de Sicile données à Angers sous son grand sceau le 21 mai 1400, avait droit à une indemnité de déplacement qui était « pour chaque jour qu'il chevauchera hors de son bailliage la somme de XX s. t. outre ses gages ordinaires » (2).

Tant que les ducs d'Anjou, comtes du Maine, Rois de Sicile ont gouverné l'Anjou et le Maine, le procureur

(1) P 1334[4], au commencement.
(2) P 1334[4], f° 57 v°.

porte le titre de *procureur d'Anjou*, *procureur* ou *procureur général en Anjou du duc d'Anjou comte du Maine*, *procureur général de monseigneur le comte d'Anjou*, quelquefois même *procureur* sans autre désignation.

Lorsque l'Anjou et le Maine furent unis à la couronne à la mort de René, on lui donna le titre de *procureur* ou *procureur général du Roi en Anjou*. Mais il y eut quelque hésitation à cet égard, car dans un acte du 5 mars 14$\frac{89}{90}$ on lui donne la qualité de *procureur du sénéchal du pays d'Anjou* (1).

Il y a là sans doute une inadvertance, et le titre sous lequel les successeurs de Jean Binel sont désignés, est celui de *procureur du Roi* ou *procureur général du Roi en Anjou*.

Même du temps des ducs d'Anjou, la situation du procureur d'Anjou se trouvait être à l'égard du procureur du Roi de France au Parlement une situation subordonnée ; mais leurs fonctions ne paraissent pas avoir été indivisibles comme elles le sont suivant la théorie actuelle du ministère public. Nous voyons en effet que souvent le procureur général au Parlement prend le fait et cause du procureur d'Anjou, comme dans l'acte du 5 mars 14$\frac{89}{90}$ cité plus haut. Cette union intime du procureur général au Parlement avec les procureurs des juridictions inférieures ne paraît pas avoir toujours existé de plein droit, au moins en ce qui concerne les juridictions des apanages qu'on peut regarder comme à peu près indépendantes. La réserve faite du ressort et juridiction par celui qui avait constitué l'apanage n'allait

(1) Dom Housseau, t. IX, n° 4105 ; extr. des registres du Parlement.

pas jusqu'à cette union intime et absolue entre les deux procureurs. Les nombreuses fonctions non judiciaires qui appartenaient au procureur d'Anjou permettent de répondre négativement ; et ce qui doit encore plus faire admettre la négative, c'est cette disposition de l'arrêt du 23 décembre 1500 rendu en faveur de Lemaczon contre Abel de Seillons, « enjoint la court aud. Lemaczon appelant prendre la substitution du procureur général du Roi ». Le procès en question, comme nous le verrons plus loin, concernait à la fois l'intérêt de la chose publique et l'intérêt privé des parties (ci-après, p. 39).

## I

### Bernard Pouderoux.

Le plus ancien procureur d'Anjou que je rencontre est Bernard Pouderoux que l'on doit considérer comme le prédécesseur immédiat d'Etienne Torchart. Il est fait mention de lui dans des lettres du duc Louis Ier du 4 juillet 1364 qui le commettent avec l'abbé de la Pitié et Jean Turpin, chevalier pour le recouvrement des finances de francs-fiefs (1) ; il est nommé Pondereux et il n'est pas fait mention de sa qualité de procureur ; mais dans une délibération du conseil du 2 mai 1399 relative à des difficultés sur des cens réclamés par la chapelle du château d'Angers il est dit que la connaissance de ces difficultés fut ôtée au chapelain dès le temps de feu maistre Bernart Pouderoux lors procureur d'Anjou (2), ce qui nous

(1) P 1334[1], f° 42.
(2) P 1334[4], f° 27 r°.

fait remonter à une époque antérieure à 1370, date à laquelle Torchart était en fonctions.

On trouve en juin 1368 une mention du procureur d'Anjou, mais sans que son nom soit indiqué. Le duc Louis Ier confirme malgré son opposition et celle du sénéchal une donation considérable qu'il avait faite à Saint-Lo d'Angers (1). Ce procureur innommé est-il Pouderoux? est-il Torchart? Je n'ai trouvé aucune indication à cet égard.

## II

### Etienne Torchart.

C'est Etienne Torchart qui était procureur général en 1370. A cette date, conjointement avec Jean de la Tuille récemment créé bailli de Touraine et des exemptions d'Anjou et du Maine, il fait une information sur l'établissement des Carmes à Angers (2).

Tous les documents qui le concernent lui donnent le titre de procureur général du duc d'Anjou et du Maine, ce qui implique qu'on considérait sa situation comme supérieure à celle du procureur du Mans (3).

---

(1), P 329, n° XXVI, ancien classement.

(2) Dom Housseau, t. VIII, n° 3684, archives des Carmes d'Angers.

(3) A. Baillée à rente d'une place vide appartenant au duc d'Anjou faite le 12 mars 137$\frac{1}{2}$ par Etienne Torchart, procureur général en Anjou du duc d'Anjou avec Pierre Chandelier, receveur général d'Anjou (P 335, n° VI).

B. Don de 100 l. fait par lettres du 12 juillet 1376, à Me Estienne Torchart, procureur général de monseigneur le duc..... pour les bons services que ledit procureur lui avait

C'est lui qui était en fonctions à la fin de l'année 1384 au moment de la mort de Louis I^er survenue à Bari le 20 septembre de cette année. Le chancelier Jean Lefèvre lui donne le titre de procureur général, et en cette qualité il assiste au conseil du 1^er octobre 1384 tenu lorsque cette mort n'était pas encore connue, et dans lequel furent arrêtées plusieurs dispositions sur la forme et sur le sceau des lettres de justice et autres qui seraient passées en l'absence du Roi de Sicile (1).

Il était présent le 19 novembre 1384 à la séance où, cette mort étant connue, la Reine de Sicile constitua de nouveau son conseil : Torchart fut conservé comme procureur général et prêta immédiatement entre les mains du chancelier le serment « de loïalment conseiller les drois de Madame et de ses enfans, contre toulz garder, ne soi en ce faindre ne pour faveur ne pour haine, et se il craingt la puissance il le segnefiera à Madame » (2).

La dernière mention concernant Torchart est du 7 juin 1390. A cette date, conjointement avec Thibaut Levraut juge ordinaire d'Anjou et du Maine il prend part à un accord entre la Reine de Sicile et les gens d'église d'Anjou, du Maine et de Touraine au sujet des sépultures (3).

---

faiz et faisait chaque jour (Trésorerie du duc d'Anjou, KK 242, f° 51 r°). Au f° 73 v° du même registre, un autre don de 300 franz pour le même motif, mais sa qualité n'est pas indiquée.

C. Lettres de baillée à Jean Landri de la terre de Roche-Perron, poursuites de Etienne Torchart, procureur général de mons^r le duc d'Anjou, et Etienne Barrier dit Langlois receveur d'Anjou, 9 septembre 1381 (P 1348, n° 411).

(1) Journal de J. Lefebvre, f° 33 r°, Bibl. nat. Fr. 5015.

(2) Journal de J. Lefebvre, f° 38 v°. V. encore *Eod.*, f° 42 v°.

(3) Dom Housseau, t. VIII, n^os 3763 et 3747, ce dernier

## III

## Jean Orry.

Le successeur de Torchart a été probablement Jean Orry, bien qu'il y ait un intervalle de huit années environ entre la dernière mention relative à Torchart et la première relative à Orry qui est du 28 janvier $139\frac{7}{8}$ ; à cette date on doit lui faire remettre deux ajournements, et le 21 février son substitut Thomin Dufay rend compte de ce qui a été fait (1).

Quelle que soit la date à laquelle il a commencé ses fonctions, il ne les a pas exercées longtemps après celle que je viens de rappeler. Il était encore procureur le 29 mars $\frac{1399}{1400}$, à cette date (2) il est appointé par le juge d'Anjou tenant l'assise d'Angers à écrire par manière de mémoire dans un procès contradictoire avec Robert d'Anjou ; et le 5 juin suivant (3) il assistait encore au conseil dans une séance où il fut ordonné que deux individus feraient copie de lettres dont ils déclaraient vouloir se servir ; l'affaire fut renvoyée à l'assise de Saumur. Mais le 17 août suivant il était remplacé par Pierre Soybaut.

---

extrait des archives de Saint-Maurice d'Angers. Ce titre lui reconnaît aussi la qualité de procureur général.

(1) P $1334^4$, ff. 19 v°, 20 v°.

(2) P $1334^4$, f° 32 r°.

(3) P $1334^4$, f° 48 r°.

## IV

### Pierre Soybaut.

Soybaut a donc commencé ses fonctions dans l'intervalle du 5 juin au 17 août 1400 ; à cette dernière date (1) la chambre des comptes lui donne commission d'aller au Mans trouver l'archidiacre de Chasteau-du-Loir, le juge ordinaire et Olivier Tillon avocat du Roi pour faire avec eux une enquête sur les comptes du Maine et de Chasteau-du-Loir.

Il était très probablement originaire du Maine, et probablement aussi devait remplir quelque fonction assez importante auprès des seigneurs de Laval, car c'est lui qui avait apporté au conseil le 22 juillet 1399 des lettres du sire de Laval (2) par lesquelles il reconnaissait que la permission de chasser à lui octroyée par la Reine de Sicile dans sa forêt de Brionnays ne lui porterait pas préjudice. Mais malgré les relations qu'il avait pu contracter pendant cette mission à Angers, malgré son séjour de 15 ans environ qu'il y fit depuis sa nomination jusqu'à son décès, sa famille y était peu connue, car après sa mort il fut considéré comme aubain, et ses biens furent pris et saisis en la main du Roi de Sicile. Ses héritiers et exécuteurs testamentaires se firent connaître et demandèrent la main-levée le 1er février 141$\frac{4}{5}$ ; elle ne fut accordée que le 20 septembre de la même année et encore

(1) P 1334⁴, f° 49 r°.
(2) P 1334⁴, f° 28 v°.

moyennant le cautionnement de Jean Fournier qui s'était constitué plege (1). Ce Jean Fournier est sans doute le même qui fut quelques années plus tard juge ordinaire d'Anjou et du Maine.

C'est à Pierre Soybaut que le 2 juillet 1403 fut baillé le mandement du Roi de Sicile qui devait mettre fin aux usurpations des juges et lieutenants au sujet de la délivrance des lettres de *debitis* (2).

Il assistait en janvier $140\frac{4}{5}$ aux lettres par lesquelles le Roi de Sicile Louis II faisait donation à la chapelle de N. D. du Gué de Mauny (3) d'une place où il y avait eu des moulins, à la charge d'en construire de nouveaux qui resteraient la propriété de ladite chapelle.

Les mentions des actes auxquels il a pris part sont d'ailleurs très nombreuses dans le registre P 1334[4] du conseil et de la chambre des comptes ; ces magistrats s'occupaient très sérieusement de leurs fonctions qui étaient nombreuses et qui embrassaient une foule de questions et d'intérêts de natures bien variées.

La dernière mention qui le concerne est du 12 juin 1414 ; ce jour-là il apporte au conseil des lettres de la comtesse de Penthièvre contenant prolongement du rachat de la terre de La Roche-sur-Yon (4).

C'est entre cette date et le 1er février $141\frac{4}{5}$ qu'il faut placer sa mort.

---

(1) P 1334[4], ff. 130 v°, 132 v°.

(2) P 1334[4], f° 68 r°. V. la notice sur Estienne Fillastre, t. II, p. 90.

(3) P 1334[1], n° 6, f° 44.

(4) P 1334[4], f° 130 r°.

## V

### Guillaume Delacroiz.

Guillaume Delacroiz son successeur prêta serment (1) au conseil le 24 mars $141\frac{4}{5}$.

Celui-ci était certes beaucoup plus connu. Je ne sais pas quelle était sa parenté avec un Michel Delacroiz qui était le 28 janvier $139\frac{8}{9}$ secrétaire de la Reine (2), et que nous retrouvons plusieurs fois dans les années 1404 à 1410 assistant au conseil avec la qualité de maître de la chambre des comptes (3) ; ce devait être une proche parenté.

Le même registre (f° 49 r°) fait mention d'un Jean Delacroiz, mort bien avant le 7 juillet 1400, qui avait été segraier des forêts de Mayenne-la-Juhés. A cette date l'héritier de ce Jean Delacroiz était appelé devant la chambre des comptes pour rendre les comptes de ladite segraierie. Ce qui peut faire supposer que le nouveau procureur d'Anjou était cet hériter, c'est qu'il était propriétaire dans le même pays. Il y avait antérieurement en 1401 pris à rente à héritage dans la forme des criées et subhastations une partie de fief relevant de Mayenne tombée en ruine et en non-valeur. Cette terre était chargée d'une rente de 9 boisseaux 1/2 de froment au profit de la seigneurie de

(1) P 1334[4], f° 131 r°.

(2) P 1334[4], f° 25 r°.

(3) *Eod.*, ff. 71 v°, 72 r°, 86 v°, 88 v°, 95 r°, 103 r°, 112 r°. Il est un des témoins du testament de Louis II d'Anjou du 10 février 1410, *Michaele de Cruce Magistro compotorum camere nostre Andegavensis ;* P. 1334[17].

Mayenne qui appartenait à la Reine de Sicile ; le receveur voulut le contraindre à payer les arrérages de cette rente dûs depuis plusieurs années ; Delacroiz prétendait être affranchi de cette obligation par les nombreuses dépenses qu'il avait faites pour améliorer cette terre, et il adressa sa demande à la Reine qui ordonna à son bailli de la terre de Mayenne Etienne Fillastre d'examiner cette terre et d'en faire son rapport à la chambre des comptes. Les assertions de Delacroiz furent reconnues exactes, et par transaction il s'engagea à payer une rente annuelle de 18 s. t. (1).

Le 6 octobre 1405 le conseil le désigna pour aller à la plus prochaine assise de Chinon pour revendiquer les causes de sujets du Roi de Sicile qui y avaient été induement portées, et décida qu'il aurait x s. par jour employé à cette mission (2).

Le 14 juin 1409 le conseil le nomma gardien de fait des maisons et rentes saisies sur Guillaume de Jumièges pour 180 livres tournois qu'il devait au Roi de Sicile (3).

Le 15 décembre 1410 on le trouve parmi ceux qui se mirent sur les rangs pour être adjudicataires des revenus du Roi de Sicile; il met à prix le merc des registres d'Anjou à 1600 livres t. (4).

Il était ainsi dès longtemps avant sa nomination comme procureur en relations très-suivies avec le conseil.

Le premier acte où nous constatons sa présence en

(1) P 1334[4], f° 53 v°.
(2) P 1334[4], f° 79 r°.
(3) P 1334[4], f° 98 r°.
(4) P 1334[4], f° 115 v°.

qualité de procureur est le serment des poulaillers et regrattiers ; il y assiste le 16 juillet 1415 avec plusieurs autres parmi lesquels le juge ordinaire et le lieutenant (1).

Dans des lettres patentes de Yolande Reine de Sicile etc... ayant le gouvernement des duchés etc.... pour son fils aîné Louis...., du 15 septembre 1427, il est qualifié « procureur general de Nous et de nostredit filz » ; il avait en cette qualité intenté un procès aux doyen et chapitre de Saint-Jean-Baptiste au sujet de la mouvance de quelques-uns de leurs fiefs (2). La désignation qui lui est donnée le plus souvent dans le registre P 1334[4] est celle de *le procureur* ou *le procureur d'Anjou.*

Le 13 juillet 1433, mais sans que sa qualité soit indiquée, il obtient du duc de Bedford un sauf-conduit durant un mois pour, avec trois hommes en sa compagnie, aler partout hors cette obeyssance (3).

C'est vers cette époque qu'il cessa ses fonctions et fut remplacé par Louis Delacroiz très-probablement son fils (4) dans les fonctions de procureur ; mais en même temps qu'on trouve cette première mention de Louis Delacroiz, on trouve dans la même procédure Guillaume Delacroiz remplissant les fonctions d'avocat fiscal ou avocat du Roi de Sicile. Il est bien probable que c'est lui qui a pris ces fonctions qui paraissent avoir exigé moins

---

(1) P 1334[4], f° 131 v°.

(2) Arch. nat., P 335, n° xx, ancien classement.

(3) Comptes des revenus du sceau du duc de Bedford, KK 324, f° 79 v°.

(4) P 1334[9], f° 41 r°. V. encore un arrangement avec le Loroux au sujet de droits de chasse, P 329; n° LIII, ancien classement.

d'activité et n'avoir pas imposé de ces déplacements si fréquents dont on trouve la trace dans les registres.

Ce qui me fait admettre cette hypothèse, c'est qu'au mois de décembre 1453 lorsqu'il s'agit de nommer un juge ordinaire d'Anjou en remplacement de Gilles de la Réauté, Guillaume Delacroiz avocat du Roi présenté unanimement pour le remplacer s'excusa en donnant pour motif son âge et sa santé (1) ; et en effet son nom ne paraît plus dans les registres à partir de juin 1455 et le 3 mai 1458 Jean Lelou dont il est question comme siégeant déjà dans le conseil y figure pour la première fois avec la qualité d'avocat du Roi (2). D'après les quelques renseignements qu'on vient de voir sur Guillaume Delacroiz, ce n'était plus un jeune homme lorsqu'en 1401 il avait avec le receveur de Mayenne les difficultés qu'on vient de voir ; il n'y a donc rien d'étonnant à ce que vers 1433, époque à laquelle il pouvait avoir au moins 55 ans, il ait profité de circonstances que nous ne connaissons pas pour prendre les fonctions d'avocat du Roi et assurer celles de procureur à Louis Delacroiz.

## VI

### Louis Delacroiz.
### François Delacroiz.

Louis Delacroiz lui succéda dans les fonctions de procureur d'Anjou probablement avant 1433. Au mois de juillet de cette année il commençait un procès contre le

(1) V. mon tome III, p. 59.
(2) P 1334[6], ff. 242 v°, 243 r°.

chapitre d'Angers pour des empiétements sur la justice du duc d'Anjou (1).

Les actes très-nombreux auxquels il a pris part dans sa longue carrière appartiennent à l'exercice ordinaire de ses fonctions, et je n'ai autre chose à en dire que ce qu'on verra quand je parlerai des fonctions du procureur. Mais dans l'exercice même de ses fonctions, son nom se trouve mêlé aux suites d'un des plus grands procès criminels du xv^e^ siècle (2).

Mon intention n'est pas de raconter les brigandages et crimes atroces dont se rendit coupable dans la première moitié de ce siècle Gilles de Laval sire de Rays ; qu'il me suffise de rappeler ici d'après les archives de la chambre des comptes d'Angers qu'il s'était rendu coupable d' « excès, delitz, malefices et felonnies... à l'encontre dudit seigneur (le Roi de Sicile duc d'Anjou) et de ses subgetz, tant en la ville d'Angers en rompant les prinsons dudit seigneur, mettant gens hors la ville à son plaisir par force et violence oultre le gré et la volanté de la justice dudit seigneur et des portiers de la ville, et avoir prins d'amblée et par nuyt les chastel et ville de Sablé oultre le vouloir de la Royne de Secile Yoland à qui Dieu pardoint ; prins aussi et destroussé et robé, ou fait par ses gens prendre, destrousser et rober grant nombre de gens et chevaulx audit lieu de Champtocé, elle estant jà pieçà en la ville d'Anxenis ; d'avoir aussi tenu gens d'armes en garnison au lieu de Thifauges en Poitou qui avoient destruit, appasticé et rançonné les marchans du païs d'Anjou estans à l'environ dudit chastel, et pour

(1) P 1334[5], f° 71 r° et v°.
(2) P 1334[5], f° 34 r°.

plusieurs autres grans cas de mal exemple et grans reprouches longs à reciter »... Pour tous ces méfaits, le Roi de Sicile avait depuis longtemps fait saisir et mettre en sa main la terre et appartenances de Chantocé et d'Ingrandes, dont le duc de Bretagne Jean prétendait avoir la possession comme lui ayant été transportée par le sire de Rays. Il y eut procès en Parlement entre le Roi de Sicile et le duc Jean (mort en 1442) puis le duc François (mort en 1450), tous les deux perdirent leur procès. Mais en 1450 il y eut un arrangement entre le duc de Bretagne et le Roi de Sicile, arrangement auquel Louis Delacroiz fit une très vive opposition, notamment dans une réunion du conseil qui eut lieu au mois d'octobre à Launay près Saumur et dans des réunions de la chambre des comptes, pour des clauses qui semblaient onéreuses pour le Roi de Sicile. Mais celui-ci n'en tint aucun compte comme nous verrons plus loin.

Au commencement de l'année 1454 (*n. s.*) lorsqu'il fut question de la création d'un nouveau Parlement à Poitiers, Louis Delacroiz comme procureur d'Anjou fut chargé par le conseil de rédiger avec le juge ordinaire, le président des comptes et Jean Breslay une opposition qui devait être remise au conseil du Roi de France ; il fut en même temps chargé d'aller la porter à Paris avec Breslay et Thomas de Servon, ce dernier juge de la prévosté d'Angers, mais tous les deux membres du conseil du Roi de Sicile, c'est la seule qualité que leur donnent les lettres qui les accréditent auprès du chancelier de France pour s'opposer à cette création (1).

(1) P 1334[5], f° 81 r°. V. aussi la notice sur Breslay, t. II, p. 100.

Après avoir pendant plus de 35 ans « servy en iceluy office grandement et honnorablement », se sentant fatigué par l'âge et le travail, il demanda au Roi René que son fils François Delacroiz lui fût adjoint pour l'aider dans ses fonctions et pour le remplacer à sa mort ; cette demande lui fut accordée par lettres patentes du 11 août 1469 (1). Il paraît d'après le texte de ces lettres patentes que depuis longtemps il l'aidait dans ses travaux, et que plus que tout autre il était en état de lui succéder, car son père le tenait au courant de toutes les affaires dont il était chargé. La présence de François Delacroiz au conseil est plusieurs fois constatée en 1471 et 1472 (2) ; mais il ne survécut pas à son père, il est mort après le 2 juin 1472.

Louis Delacroiz est mort avant le 4 janvier 147$\frac{3}{4}$. A cette date Gilles Dulayeul mari de l'une de ses filles apporte à la chambre des comptes plusieurs pièces qu'il a trouvées dans ses papiers (3). Il laissait plusieurs enfants dont quelques-uns encore en état de minorité ; le 20 juin 1474 Marie de Domaigne sa veuve ayant le bail des enfants dud. feu et d'elle apporta à la chambre des comptes tous les titres et documents que son feu mari avait devers lui en sa maison touchant les causes et affaires du Roi de Sicile ; elle fit serment que si elle en trouvait d'autres à l'avenir elle les apporterait de suite à la chambre qui lui donne décharge de la remise qu'elle faisait ce jour-là (4).

---

(1) P. 1334$^9$, f° 41 r°.
(2) P 1334$^9$, ff. 149 v°, 150 v°, 164 v°, 171 r° et v°.
(3) *Eod.*, f° 231 v°.
(4) *Eod.*, f° 259 v°.

## VII

### Jean Binel.

Le successeur de Delacroiz fût Jean Binel qu'il ne faut pas confondre avec son homonyme qui était juge ordinaire d'Anjou. La coexistence de deux magistrats du même nom nous est attestée par l'acte même qui nous fait connaître l'existence de Jean Binel comme procureur d'Anjou le 15 septembre 1479 ; c'est l'aveu de la terre de Corze relevant du duc d'Anjou à cause de son chastel de Baugé (1) qui est fait par noble homme maistre Jean Bourré.... trésorier de France.... en la chambre des comptes du Roy de Sicile à Angers pardevant honorables hommes et saiges messire Jean Binel docteur ès lois juge ordinaire d'Anjou, sire Jean Bernart trésorier d'Anjou, maistres Pierres Guiot lieutenant d'Angers, Jean Binel procureur d'Anjou et autres.

Ces magistrats d'Anjou ont tous été des personnages notables, et on les voit pour la plupart figurer dans les circonstances graves où il était question des intérêts de leurs seigneurs immédiats et de leur pays. Jean Binel fut présent le 19 octobre 1480 avec Hervé Regnault président du conseil à la renonciation faite par Marguerite d'Anjou, Reine d'Angleterre, aux duchés de Bar et de Lorraine et marquisat de Pont, comtés de Provence, Forcalquier et Piémont, et donation desd. duchés et comtés au Roi de France Louis XI en payement de 50.000 écus d'or qu'il

---

(1) P 341, n° II, Registre des hommages, f° 82 r°, ancien classement.

lui avait prêtés (1). Cet acte est postérieur à la mort du Roi René, Binel y est désigné comme procureur du Roi.

Binel avait aussi vieilli dans les fonctions de représentant du Roi de Sicile duc d'Anjou ; le 9 octobre 1451 il est fait mention de lui comme substitut du procureur d'Anjou ; en cette qualité avis lui est donné d'un arrangement sur une créance de 1000 l. entre le Roi de Sicile et le seigneur du Pin (2).

Après la mort de René, le Roi Louis XI par lettres du 15 septembre 1480 le confirma dans ses fonctions, et lui donna en même temps pouvoir de substituer en son absence aux sièges d'Anjou des procureurs à ses périls et fortunes (3) ; il prêta serment entre les mains de Jean Belin lieutenant du sénéchal à Angers et au ressort le 23 septembre suivant. Il mourut peu de temps après, le samedi 8 décembre 1481 (4).

Les lettres de Louis XI, la mention de sa mort sur les registres de la chambre des comptes lui donnent la qualité de *procureur général du Roi en Anjou ;* il en est de même d'une mention du 13 novembre 1480 relative à un ajournement donné en vertu d'un mandement de la chambre des comptes (5).

---

(1) Dom Housseau, t. IX, n° 4067, Reg. de la chambre des comptes, Bibl. Sangerm. t. VIII, ff. 260 à 264.

(2) P 1334[5], f° 80 v°, note marginale.

(3) P 1334[11], f° 11 r°.

(4) P 1334[11], f° 11 r°.

(5) *Eod.*, ff. 8 v° et 9 r°.

## VIII

### Louis Garnier.

Il est probable que Binel était malade depuis quelque temps d'une maladie qui le mettait hors d'état de remplir ses fonctions, car les lettres de nomination de son successeur Louis Garnier sont du 7 décembre 1481. Ce Garnier était conseiller du Roi et maître des requêtes de son hôtel. Les lettres contiennent mandement au sénéchal d'Anjou ou son lieutenant de recevoir le serment du nouveau procureur général au pays d'Anjou, c'est le titre que lui reconnaît le Roi Louis XI. C'est le 1er mars suivant qu'il fut installé dans ses fonctions (1).

## IX

### Thibaut Lemaczon.

La première mention que je trouve concernant Thibaut Lemaczon est du 1er avril $148\frac{8}{9}$ dans des circonstances qui permettent de croire que sa nomination était de quelques années antérieure (2). Il avait été auparavant l'objet de plaintes pour excès et malversations, et avait été ajourné devant le Parlement à la requête du procureur général. Cet arrêt du 1er avril contenait mandement aux juge d'Anjou, prévôt d'Angers conservateur des privilèges... ou leurs lieutenants de mettre à

(1) P 1334[11], f° 101 r°.
(2) *Arrêts, Jugés,* X1A 123, f° 298 v°.

exécution ledit mandement, même par prise de corps et saisie de ses biens, et faire une enquête qui serait envoyée à la cour.

En rapprochant la date de cet arrêt de celle des premiers arrêts rendus entre Louet et Montortier, il est permis de conclure que les excès et malversations reprochés à Lemaczon doivent être des actes d'opposition souvent violents, dans lesquels il a dû employer tous les artifices de la procédure de cette époque, contre les poursuites que faisait Louet au pétitoire en vertu de l'arrêt du Parlement du 6 août 1488. Cette conclusion est d'autant plus admissible que nous savons qu'il fit tous ses efforts pour entraver l'exécution des arrêts du 27 janvier 149$\frac{3}{4}$ et du 13 juin suivant (1). Un arrêt du Parlement du 12 juillet 1496 (2) l'autorise à plaider par procureur dans une instance devant les requêtes du Palais contre Emery Louet : Lemaczon était appelant d'un sergent royal chargé d'exécuter une commission. Il n'est pas dit en quoi elle consistait, mais il est infiniment probable qu'elle était relative à l'exécution des arrêts dont je viens de parler; car l'arrêt ajoute — et sont defenses faites audit Lemaczon procureur dessusdit de non empescher les execucions qui se feront par vertu des committimus de justice.

Nous verrons quand je parlerai des greffes, que Louet avait été pourvu par le Roi René de la charge de greffier et enquesteur de la prévosté d'Angers. Lorsqu'il fut troublé dans cette possession par des intrigues dont le

(1) V. ci-dessus notice sur les procès entre Louet et les Montortier, t. II, p. 281 et suiv.

(2) *Matinées*, X1A 8323, f° 697 v°.

résultat devait être de la faire attribuer à Pierre de Pincé, Thibaut Lemaczon fut un des commissaires chargés par Charles Bourrée avec François Bourrée et Lecamus de mettre de Pincé en possession de l'office d'enquesteur. Il est un de ceux contre lesquels Louet appela devant le Parlement où il ne perdit qu'à moitié son procès par arrêt du 3 août 1499 (1).

Les fautes reprochées à Lemaczon n'entachaient pas l'honneur ni la probité, car nulle part je n'ai trouvé de dispositions prises par le Parlement pour le suspendre de ses fonctions, ni même exercer aucun blâme sur ses actes. Loin de là, dans le procès qu'il eut à soutenir à la même époque contre Abel de Seillons qui lui aussi prenait la qualité de procureur du Roi en Anjou et en exerçait les fonctions, le Parlement reconnaît pleinement les droits de Lemaczon. Cet Abel de Seillons avait obtenu gain de cause en première instance. Le Grand Conseil saisi de l'appel de Lemaczon lui fait le 17 décembre 1498 ($V^5$ 1042) défense de poursuivre ou tenir en procès ledit Abel de Seillons ailleurs qu'au Conseil, au préjudice de l'ordonnance naguère faite par le Roi touchant les offices de son royaume.

Le Parlement ne tint pas compte de cet arrêt du conseil ; les parties avaient plaidé en première instance devant Jean Belin, lieutenant du sénéchal et des autres officiers dudit seigneur (c'était à cette époque le Roi de France), et Abel de Seillons avait obtenu gain de cause ; mais sur l'appel un arrêt prononcé le 23 décembre

(1) Les plaidoiries avaient commencé le 19 mai 1495. *Conseil*, $X^{1A}$ 1504, f° 360 r° ; *Arrêts, Jugés*, $X^{1A}$ 133, f° 110 v° ; *Matinées*, $X^{1A}$ 8323, f° 212 r°.

1500 (1) infirma la sentence des premiers juges, condamna l'intimé (Abel de Seillons) à rendre et restituer audit appelant (Lemaczon) tous les fruits par lui perçus ou que ledit appelant eût pu prendre et percevoir dudit office de procureur du Roi audit pays et duché d'Anjou, se n'eust esté le torconnier empêchement à lui donné par ledit intimé...

Le 10 octobre 1503, avec le titre de procureur d'Anjou il faisait partie du conseil de ville où fut arrêtée une réponse à faire au Roi Louis XII qui demandait à la ville d'Angers de lui prêter 3,000 livres (2).

En 1508, il assiste à la réformation et publication de la coûtume d'Anjou avec le titre de procureur du Roi au pays d'Anjou (3).

## § 3.

### *Substitut du Procureur d'Anjou.*

La multiplicité des fonctions du procureur avait dû obliger de bonne heure à créer un procureur au Mans ; ces fonctions sont remplies en 1359 par Nicolas Lechandelier (4). Les mêmes causes amenèrent le procureur d'Anjou à s'adjoindre des substituts pour le remplacer, et dès la fin du XIVe siècle, en 1398 et 1399 nous trouvons que le procureur d'Anjou avait deux substituts,

---

(1) *Conseil*, XIA 1505, f° 17 r°.

(2) C. Port, inventaire des archives de la mairie d'Angers, documents, page 355.

(3) Coûtumier général, t. IV, p. 585, 586.

(4) Arch. nat. P 329, n° XXIIII, ancien classement. V. ci-dessus, notices sur les procureurs, p. 19.

Thomas du Fay (1) dont la résidence n'est pas indiquée, et Guillaume Morice (2) substitut à Saumur du procureur d'Anjou, qui reçoit le 17 février 139$\frac{8}{9}$ avec plusieurs autres des ordres du conseil pour la levée d'une aide.

On reconnut promptement qu'il devenait nécessaire de rendre permanentes et de rattacher directement au duc d'Anjou des fonctions qui jusqu'alors dépendaient uniquement du procureur ; en conséquence l'ordonnance de mai 1400 créa deux fonctions de procureur du Roi à Saumur et à Baugé.

Il y eut sans aucun doute dans le courant du xv^e^ siècle des substituts du procureur d'Anjou comme il y en eut des procureurs de Saumur et de Baugé ; peut-être même plusieurs portant simultanément ce titre. Jean Binel qui succéda le 4 janvier 1473 à Louis Delacroiz était au moins depuis 1451 substitut du procureur d'Anjou. En même temps que lui nous y trouvons un autre substitut nommé René Dreux (3).

Il est fort probable que de bonne heure les procureurs furent autorisés par leurs lettres de nomination à se nommer des substituts ; autrement, comme ils ne trouvaient que dans le droit commun en matière de mandat le pouvoir de se substituer une autre personne, les

---

(1) P 1334$^4$, ff. 19 v°, 20 r°, notices sur les procureurs, Orry, p. 25.

(2) P 1334$^4$, f° 25 r°.

(3) A. Binel consent, le 9 février 145$\frac{4}{5}$ et le 31 mai suivant, au chapitre d'Angers des prorogations de délai pour se plaindre du procureur d'Anjou (P 1334$^5$, f° 70 r°).

B. Le 26 septembre 1454, René Dreux doit venir au conseil pour qu'on lui parle à propos de la plainte portée contre Chacereau prévôt d'Angers par Bernard et des marchands (P 1334$^3$, f° 119 r°).

actes de ce substitué n'auraient été valables qu'à la condition d'être ratifiés chaque fois qu'il aurait agi.

C'est seulement dans des actes plus récents que j'ai trouvé dans quels termes les procureurs étaient autorisés à se choisir des substituts. Les lettres patentes de François Delacroiz de 1469 (1) lui donnent le pouvoir « de substituer ung ou pluseurs procureurs substituez qui ait ou qui aient semblable povoir comme nostre devantdit procureur si bon luy semble, ou tel autre povoir qu'il leur vouldra donner, et de les revocquer ou muer toutes foiz qu'il lui plaira...» Celles du 15 septembre 1480 (2) par lesquelles après la mort de René le Roi Louis XI confirme Jean Binel dans ses fonctions de procureur contiennent une semblable disposition ...« Et pour ce que en nostre pays d'Anjou y a pluseurs sieges où il ne luy seroit possible estre ne assister en personne pour poursuir et deffandre noz droiz et affaires, luy avons donné et donnons... congié et licence de sustituer en son absence esd. sieges d'Anjou, à ses perils et fortunes ung ou pluseurs procureurs et leur donner telle puissance qu'il verra estre affaire par raison... » Ces clauses reproduisent sans aucun doute la pratique ancienne, on doit aussi en tirer cette conclusion que le procureur ne pouvait désigner un substitut que dans le cas où il y avait été expressément autorisé.

(1) P $1334^{9}$, f° 41 r°.
(2) P $1334^{11}$, f° 11 r°.

## § 4.

### *Procureur et substitut de Saumur.*

Les fonctions de procureur du Roi de Sicile à Saumur ont été créées par l'ordonnance de la Reine de Sicile du 31 mai 1400. Ce fut sans doute Guillaume Paynel qui fut le premier investi de ces fonctions ; le 13 juin 1403 il met en adjudication une chambre où l'on tenait la panneterie (1).

Les dernières mentions que je trouve de lui sont de l'année 1412 ; le 17 mai il apporte aux gens des comptes à Angers une obligation de 40 sols t. de cens prise par deux marchands de Saumur (2). Le 20 juillet il donne un reçu de lettres closes de messieurs du conseil et des comptes à Angers et d'un mandement des généraux conseillers à Paris sur le fait des aides (3).

Pendant environ quarante ans, je ne trouve plus aucun nom de procureur avant celui de Guillaume Hubert, qui, le 14 août 1451, avec Gauquelin, président des comptes, Jarry, conseiller et auditeur des comptes et autres, enjoint à Pain, receveur de Mirebeau de se trouver dans la quinzaine devant la chambre des comptes à Angers (4). Ses fonctions se prolongèrent au-delà du 4 novembre 1452; à cette date, Jean Pelet qui fut son successeur est encore substitut du procureur du Roi (5).

(1) P 337, n° xxx, ancien classement.
(2) P 1334⁴, f° 123 r°.
(3) *Eod.*, f° 115 *bis*.
(4) P 1334⁵, f° 74 v°.
(5) *Eod.*, f° 130 r°.

Hubert avait cessé ses fonctions avant le 19 mai 1454 ; à partir de cette date, Pelet est toujours désigné comme procureur ou procureur du Roi à Saumur ; c'est à cette époque qu'il est envoyé par la chambre des comptes à Paris pour diverses affaires, entre autres pour des réclamations relatives à l'impôt dit de la Cloison de Saumur ; il était chargé de porter une procuration des marchands fréquentant la Loire et un procès-verbal fait à leur requête (1). A partir de cette époque, le nom de Pelet figure souvent sur les registres du conseil et de la chambre des comptes. Les circonstances dans lesquelles on trouve son nom sont des actes de la compétence des procureurs en général. Je ferai seulement observer que l'ordonnance du Roi René du 8 mai 1466 confirmant les statuts des cordonniers de Saumur est visée par Pelet en sa qualité de procureur, en l'absence du juge ordinaire d'Anjou (2).

Il était encore en fonctions le 6 janvier 148$\frac{1}{2}$; à cette date la chambre des comptes lui écrit au sujet de la saisie de la terre de Sernusson (3).

## § 5.

### *Procureur et substitut de Baugé.*

Je n'ai pas rencontré de procureur à Baugé antérieurement à Jamet Ridouet qui le 20 mars 140$\frac{3}{4}$ est avisé par la chambre des comptes que le rachat de la terre et

(1) P $1334^{3}$, f° 105 r° ; P $1334^{6}$, f° 13 r°.
(2) Recueil des Ord., t. XX, p. 175.
(3) P $1334^{11}$, f° 88 v°.

appartenances du Gout se levera par le receveur d'Anjou jusqu'à concurrence de 100 sols (1).

En 1409 il est chargé avec Jean Chartreau de commencer une enquête sur les feurres de Baugé (2). Le 12 septembre 1410 il fait au conseil une demande contre un nommé Richomme qu'il prétendait avoir désemparé et démoli une tour au château de Baugé (3).

Après 1418 il fut nommé lieutenant du juge ordinaire à Baugé en remplacement de Lorens de Torcé (v. ci-dessus t. II, p. 226) et fut lui-même remplacé comme procureur par Macé Belin. Tous deux furent commis par lettres sous le scel de justice pour reformer les cens, rentes et autres devoirs seigneuriaux du ressort de Baugé et prêtèrent serment devant le conseil le 8 janvier $142\frac{2}{3}$ de bien remplir leurs fonctions (4).

Je ne sais pas combien de temps il conserva ses fonctions, mais on trouve le 12 décembre 1440 Thibaut Belin son successeur, peut-être son fils, qui rend à la chambre des comptes plusieurs aveux qu'il avait reçus pour des choses dépendant du ressort de Baugé (5).

Les registres du conseil et de la chambre des comptes constatent sa présence pendant les années suivantes à plusieurs adjudications qui ont lieu à Baugé. Le 27 octobre 1459 il présente à la chambre des comptes un mémoire sur les feurres de Baugé (6), c'est un des inci-

(1) P 1334[4], f° 69 v°.
(2) P 348 (4), n° XXIII, ancien classement.
(3) P 1334[4], f° 112 r°.
(4) P 1334[4], f° 147 v°.
(5) P 1334[6], f° 123 v°.
(6) P 348 (4), n° XXIII, ancien classement.

dents de la procédure commencée en 1409 par ses prédécesseurs. Il est mort en décembre 1460 (1).

Son successeur fut très probablement Pierre Damours que je trouve mentionné pour la première fois en août ou septembre 1465 ; il reçoit copie d'un mandement adressé par le Roi Louis XI au juge des exempts par appel du duché d'Anjou et à plusieurs autres magistrats pour faire une enquête au sujet de l'acquit des feurres de Baugé qui étaient dûs depuis longues années au Roi de Sicile (2). Il est probable que parmi les débiteurs il s'en trouvait quelques-uns à l'égard desquels on considérait l'intervention du Roi de France comme nécessaire, car le jugement des contestations sur les faits constatés par cette enquête était réservée aux conseillers ordonnés sur le fait de la justice du trésor du Roi à Paris.

En 1468 il suivait un procès au nom du Roi de Sicile contre l'abbaye de Fontevrault et se trouvait assister en cette qualité à l'enquête faite par René Breslay lieutenant du juge d'Anjou et par Emery Louet (3).

Le 22 décembre 1471 Pierre Damours est présent à l'hommage du vicomte de Beaumont (4).

Il est assez probable qu'il avait remplacé immédiatement Thibaut Belin. Comme beaucoup de ses contemporains il cumulait plusieurs fonctions. En 1461 il était lieutenant du juge des exempts par appel du duché

(1) P 1334[7], f° 152 r°.

(2) P 1334[8], f° 113 r°.

(3) Cart. de Fontevrault, coll. Gaignières, t. I, p. 63 ; Bibl. nat. Lat. 5480. V. les notices sur Jean Breslay et sur Emery Louet, ci-dessus, t. II, p. 100 et 280.

(4) P 341, n° II, f° 3, ancien classement.

d'Anjou (1). D'après Ménage il aurait été lieutenant du juge ordinaire d'Anjou (2). Cela n'est pas impossible ; mais il est, je crois, probable que la similitude dans le nom des fonctions aura amené un peu de confusion dans l'esprit de Ménage, dont les contemporains ne se sont pas toujours bien rendu compte des changements considérables survenus dans les magistratures de leur pays au commencement du XVIe siècle, bien que les noms aient été conservés.

Il avait épousé Jeanne Louet fille de James Louet ; il assiste comme l'autorisant au partage qui eut lieu le 20 juillet 1480 entre les enfants de James Louet (3).

En 1506 le procureur de Baugé devenu procureur du Roi est Jean Patin ; il assiste le 30 septembre à Beaufort à la visite faite par Jean de Fontenay clerc et auditeur des comptes commis par la chambre des comptes du Roi de France pour faire une enquête sur la situation du comté de Beaufort (4).

Il assiste en 1508 à la publication de la coûtume réformée d'Anjou ; le Coûtumier général a imprimé son nom Patrin (5).

Le procureur de Baugé avait aussi un substitut ; j'ai retrouvé les noms de plusieurs de ces magistrats. Ce sont :

---

(1) Cart. de Saint-Vincent du Mans, coll. Gaignières, Bibl. nat. Lat. 5445, p. 71.

(2) Ménage, Vita Ærodii quæsitoris Andegavensis, p. 383.

(3) Ménage, *l. c.* C'est lui sans aucun doute qui était sénéchal de La Flèche et qui le 14 avril 1485 en cette qualité prononce une sentence au profit des religieux de Mellinais contre le procureur du seigneur de La Flèche (Cart. de l'abbaye de Mellinais, Bibl. Sainte-Geneviève).

(4) P 335, n° IIII[xx]III, ancien classement.

(5) Coutumier général, t. IV, p. 585.

Jean Hirely auquel le 4 avril 145$\frac{6}{7}$ l'huissier de la chambre des comptes fait commandement ainsi qu'à Jaquet Richomme greffier et à autres, d'apporter dans les trois mois à la chambre des comptes les aveux dont ils sont en possession (1);

Jean Damours qui assiste à une adjudication du merc des registres des assises de Baugé, à une adjudication de travaux les 29 octobre 1464 et 21 juillet 1466, et une autre des fermes de Baugé le 8 mai 1475 (2).

Le 14 mai 1487 ces fonctions sont remplies par René Ricou bachelier en droit qui est chargé par le juge ordinaire d'examiner avec Girard de Montortier, lieutenant, les comptes relatifs aux feurres de Baugé litigieux entre le Roi et Hardouin de Maillé (3).

---

(1) P 1334[6], f° 158.
(2) P 1334[8], ff. 78 r° et 147 ; P 1334[10], ff. 35 et 36.
(3) P 348 (4), n° XXIII, ancien classement.

# CHAPITRE XXXVII

## FONCTIONS DU PROCUREUR DU ROI

### § 1.

### *Fonctions en général. — Serment.*

Les diverses indications que j'ai relevées ci-dessus en parlant des origines du procureur d'Anjou suffiraient pour établir que l'idée on peut le dire fondamentale qu'on retrouve toujours quand il s'agit de ses fonctions est la représentation, le remplacement du souverain d'une manière complète quand il s'agit de ses intérêts, tout aussi bien que dans les matières judiciaires : receveur et procureur, telle est la double fonction exercée en 1285 par Henri de Charlon; mandataire et représentant du seigneur, tel est le double caractère qu'on retrouve toujours dans les cas où son intervention est constatée. Et parmi nos fonctionnaires modernes, ceux auxquels on pourrait le mieux les assimiler sont les directeurs des domaines ou les directeurs des contributions chargés de l'administration du domaine et du recouvrement des impôts directs.

Les pouvoirs du procureur sont énumérés en détail dans les lettres du 11 août 1469 par lesquelles la survivance de Louis Delacroix est donnée à son fils François (1);

(1) P 1334[9], f° 41 r°.

ce sont les seules provisions de procureur que j'aie rencontrées : « Et auquel maistre François Delacroiz nostredit procureur nous avons donné et donnons par cesdites presentes plain povoir, auctorité et mandement espicial de ester et soy presenter en jugement et dehors pour et ou nom de nous en toutes et chascunes noz causes, querelles et negoces, meues et à mouvoir contre touz et chascuns noz adversaires, en demandant et en deffendant, pardevant touz juges ordinaires, extraordinaires, commissaires et autres de quelque povoir et auctorité qu'ils usent ou soient fondés, tant de court laye comme de court d'Eglise, et tant en la court de Parlement que dehors, d'avouer, de desavouer, d'appleger, de contrappleger, d'opposer, de demander, de garentir, et de prendre en garentaige, de pacifier, accorder et compromettre, de demander, de requerir et de recevoir principal et despens s'aucuns nous en estoient adjugez, et la desliance et delivrance de nos biens et choses si prises, saisies ou arrestées estoient, quittes o plege ou autrement, et la court, renvoiz et obeissance de nos causes et de nos hommes et subgez, de jurer de verité et de calompne en l'ame de nous et de luy devantdit procureur, et de faire toutes autres manieres de sermens et de procès que ordre de droit et enseigne, d'oïr droiz, arrestz interlocutoires et sentences diffinitives tant pour nous que contre nous, d'appeller et de poursuir l'appel ou appeaulx et les delaisser si mestier est..... Et generalement de faire et procurer pour et ou nom de nous toutes et chascunes les choses que procureur deuement estably peut et doit faire et que nous ferions ou faire pourrions si presens y estions, jaçoit ce qu'il y ait aucune chose qui requiert commandement plus especial, promettant en parolle de Roy et soubz l'obligacion et ypotheque de touz et chascuns nos biens et choses, presens et à venir, à avoir et tenir ferme, estable et agreable tout ce qui par nostre devantdit procureur, ses substitut ou substituz, et par chascun d'eulx sera fait et procuré, tant pour nous que contre nous, et à payer pour eulx et pour chascun d'eulx les jugé ou jugez se mestier est.....»

C'est sans aucun doute à raison de cette origine domaniale des fonctions que le procureur prêtait serment devant la chambre des comptes ; c'est là du moins qu'eurent lieu les deux seules prestations de serment dont j'aie retrouvé les originaux. Guillaume Delacroiz prête serment le 24 mars 141$\frac{4}{5}$, et la chambre lui enjoint par exprès de ne prendre ni accepter nulle pension autre que du seigneur (1).

François Delacroiz lorsqu'il fut reçu comme survivancier de son père prêta serment en la chambre des comptes ; *prestitit juramentum in talibus fieri solitum in camera compotorum Andegavis*.... Mais dès cette époque l'idée que le procureur pouvait avoir des fonctions autres que celles se rattachant directement au domaine du prince commençait à se faire jour, car la formule ajoute *ac etiam in manibus domni gubernatoris et senescalli Andegavensis*. Il est vrai qu'après la mort du Roi Louis Ier, Torchart conservé dans ses fonctions de procureur prêta serment le 19 novembre 1384 entre les mains du chancelier en conseil (2) ; comme dans cette circonstance il s'agissait d'un serment renouvelé il n'était peut-être pas

(1) P 1334⁴, f° 131 r°.
(2) Journal de Jean Lefèvre, Ed. Moranvillé, p. 67. Bibl. nat. Fr. 5015, f° 38 v°.

soumis à la même règle que quand le serment était prêté pour la première fois. Il en fut de même lorsque après la mort du Roi René Jean Binel fut confirmé par le Roi Louis XI dans ses fonctions de procureur général en Anjou; il prêta serment entre les mains de Jean Belin lieutenant à Angers qui le mit en possession de son office (1).

§ 2.

*Le procureur fait partie du conseil.*

Le procureur faisait partie du conseil en vertu même de ses fonctions. Il est expressément désigné comme membre de droit par les lettres patentes du 8 mai 1453 (2); mais il suffit de parcourir les registres du conseil et de la chambre des comptes pour voir qu'à une époque antérieure qui remonte à 1397, et sans doute bien au-delà, il assistait d'une manière presque permanente aux réunions du conseil et prenait part aux délibérations sur tous les objets de gouvernement et d'administration soumis à ce corps. On a pu voir plus haut qu'en 1384 Torchart prenait part à toutes les mesures de gouvernement qui ont suivi la mort du Roi de Sicile Louis Ier; la manière dont sa présence dans le conseil est mentionnée par Jean Lefèvre démontre à n'en pas douter qu'il y siégeait en vertu de ses fonctions.

C'est en qualité de membre du conseil que le procu-

(1) Lettres du 15 septembre 1480, mise en possession du 23; P 1334[11], f° 11 r°.

(2) P 1334[5], f° 177 r°; Lecoy de la Marche, t. II, p. 269.

reur intervient au règlement des conflits entre les magistrats : c'est ainsi qu'en septembre 1453 il assure avec les autres membres du conseil l'exécution de l'ordonnance du Roi de Sicile du 16 juin 1451 sur les conflits de juridiction qui s'étaient élevés entre le lieutenant d'Angers et le juge de la prévosté au sujet de la conservation des privilèges de l'Université d'Angers (1).

Le procureur devait aussi certainement intervenir lorsqu'il s'agissait d'un conflit avec d'autres officiers de justice. Celui dont je viens de parler fut tranché par une ordonnance du Roi de Sicile sur l'avis et délibération de son conseil et du consentement du sénéchal d'Anjou chef de la justice dudit pays. Il en fut peut-être de même du différend entre les officiers de Beaufort et ceux de Saumur dont le conseil fut saisi en 1455. Le procureur de Saumur fut cité à comparaître devant le conseil avec les officiers de Beaufort pour statuer sur cette difficulté. Le procureur d'Anjou n'assistait pas à cette séance du 13 juin 1455, mais l'avocat fiscal Jean Lelou y était (2).

C'est sans doute en qualité de membre du conseil que nous le voyons intervenir dans d'autres circonstances.

Le Roi de Sicile avait souvent besoin d'argent et souvent était à la recherche de gens pouvant lui en prêter. Une lettre du conseil du Roi René du 20 septembre 1464 parle de démarches nombreuses (3) faites par le juge et le procureur d'Anjou pour lui trouver de l'argent ; mais on ne veut pas lui en avancer par crainte, disait-on, de

(1) P 1334[5], ff. 63 v°, 65 r°. V. t. II, p. 260 et suiv.; ci-après, p. 61.
(2) P 1334[5], f° 129, v°.
(3) P 1334[8], f° 72.

guerres du côté de la Bretagne (1) ; la lettre à ce sujet paraît avoir été écrite par le juge d'Anjou Jean Breslay.

Vers 1450 environ eurent lieu les réclamations au sujet de l'établissement d'un Parlement à Poitiers. Le procureur Delacroiz fut délégué en même temps que Jean Breslay pour faire au Roi de France des remontrances qui aidèrent sans doute à faire abandonner ce projet (2).

En 1450 le procureur avait été chargé avec le juge d'Anjou qui était alors Gilles de la Réauté et plusieurs membres du conseil d'accompagner le Roi de Sicile auprès du Roi de France pour lui remontrer les grandes exactions et insupportables charges en ce pays d'Anjou, tant en tailles, aides que autres subventions (3). Cinquante livres lui ont été allouées pour ce motif sur la cloison d'Angers.

Le conseil et par sa délégation le procureur ou ceux qui le remplaçaient étaient chargés de faire notifier aux parties les ajournements pour comparaître en cause d'appel (4), que ces appels aient été ou non jugés par le

---

(1) Ce n'était peut-être qu'un prétexte.

(2) P 1334[5], f° 81 r°. V. la notice sur Breslay.

(3) Marchegay, *Archives d'Anjou*, t. II, p. 21, extrait des comptes de la cloison d'Angers.

(4) 21 février $139\frac{7}{8}$, Thomin du Fay substitut du procureur est envoyé de par le conseil pour faire ajourner en Parlement les héritiers de la feue vicomtesse de Thouars à la requête de la Reine de Sicile. Cet ajournement fait, Thomin le remit au conseil avec la relation du sergent pour envoyer à Pierre Soulaz procureur de la Reine de Sicile en Parlement (P 1334[4], f° 20 v°).

Le 28 janvier précédent mandement du Roi avait été remis à Jean Orry pour faire ajourner à la requête de la Reine de Sicile les héritiers des feu seigneur et dame de Craon, en

Parlement (1). Il était aussi chargé de veiller à l'exécution des arrêts du Parlement (2).

Dans certaines circonstances, on pourrait même le considérer comme un représentant du Roi de France auprès du conseil (3).

Il y avait aussi des affaires qui ne rentraient pas d'une manière absolue dans ses fonctions ou qui étaient relatives à des faits qui se passaient hors de son ressort ; dans ces cas, une procuration spéciale paraît avoir été jugée nécessaire, même avec un plège comme dans les cas ordinaires (4). Mais cette manière de procéder qui

---

Parlement, aux jours de la senéchaussée d'Anjou et du Maine ; *Eod.*

(1) 28 avril 1459, Jean Breslay après avoir fait au conseil un rapport sur l'état en Parlement des affaires du Roi de Sicile, remet à Delacroiz le mandement pour faire ajourner les bouchers de la grande boucherie d'Angers pour procéder sur l'appel qu'ils avaient porté de la sentence de feu Gilles de la Réauté. (V. ci-dessus, t. II, p. 191 et 192, notes; P 1335, n° 255; P 1334[7], f° 46 r°; ci-après, p. 59).

(2) 18 mars 141$\frac{2}{3}$ remise à Soybaut d'un appointement en Parlement sur une cause de désaveu entre le Roi de Sicile et les doyen et chapitre d'Angers (P 1334[4], f° 126 r°).

(3) Louis Delacroiz baille au conseil à Estienne Galier sergent du Roi le 17 novembre 1455 plusieurs lettres royaux pour les mettre à exécution. Ce sont des mandements royaux pour ajourner en Parlement des sergents de Touraine, — le duc de Bretagne, ses barons et autres qui furent à la démolition de Chasteauceaux. — Ajournement de comptables en la chambre des comptes de Paris et en celle d'Angers ; — Lettres royaux de pouvoir exécuter lesd. lettres de Chasteauceaux nonobstant laps de temps (P 1334[5], ff. 155 v° et 156 r°).

(4) 21 novembre 1384, Torchart va à La Guiche parler à Isabelle d'Avaugour d'une affaire relative à Talemont pour avoir son consentement afin de transiger avec le vicomte de Thouars, et obtenir que moyennant le versement de 8000 francs elle rendît la terre de Maine-la-Juhés ; il emporta avec lui une procuration qui avait été scellée le même jour. Il devait en outre

est attestée par le journal de Jean Lefèvre ne paraît pas avoir été suivie plus tard.

Sans insister autrement sur l'impulsion que son action pouvait recevoir du conseil dont il faisait partie et dont on peut le regarder comme le représentant, ainsi qu'on pourra le voir dans les pages qui vont suivre, qu'il me suffise de dire ici que c'est par lui ou par ceux qu'on pourrait appeler les procureurs en second que s'exerçait presque toujours l'action de la justice, c'est-à-dire du conseil ; que non-seulement il agissait sous sa direction, mais encore qu'il lui rendait compte de ce qu'il avait fait en vertu de son office, et que sous la réserve du droit supérieur du duc d'Anjou qui pouvait dans tous les cas lui imposer silence perpétuel ou ne pas tenir compte de ses observations, l'action qu'il exerçait dans bien des circonstances en vertu du droit du conseil justifie le nom qui lui est souvent donné de procureur de la cour (1).

C'est en cette qualité que Soybaut procureur d'Anjou est chargé le 2 décembre 1401 de réclamer des parents et exécuteurs de Guillaume Aignen, l'un des gens des comptes à Angers, le sceau ordonné pour lettres de justice dont la garde lui avait été confiée par le Roi de Sicile (2).

Après la mort de Gauquelin président des comptes à Angers (28 juin 1468), les gens du conseil et des comptes

---

aller à Paris pour différentes affaires concernant la Reine de Sicile. Le 14 mars $138\frac{7}{8}$ le chancelier scelle pour Torchart une procuration dont Baudreer et autres sont pleges ; Journal de J. Lefèvre, ff. 39 r° et 213 r° ; Bibl. nat. Fr 5015.

(1) Règlement sur les poids et mesures, copie du 26 août 1462 ; P $1334^4$, au commencement.

(2) P $1334^4$, f° 55 r°.

mandèrent aux lieutenant et procureur à Saumur de se rendre en ses maisons à Saumur où il faisait sa résidence assez habituelle, et d'y prendre toutes lettres et tous enseignements concernant les affaires du Roi de Sicile, et les envoyer en la chambre des comptes à Angers (1).

Dans ces cas, le procureur agit non seulement en vertu de ses pouvoirs propres, mais aussi comme représentant la chambre des comptes, car il s'agissait des affaires du Roi de Sicile qui étaient sous la direction et la surveillance spéciales de ladite chambre.

Des fonctions aussi nombreuses et aussi variées avaient pour résultat de rendre le procureur détenteur d'un nombre considérable de titres et papiers de toute nature relatifs aux droits du duc d'Anjou. La veuve de Louis Delacroiz mort après être resté plus de quarante ans en fonctions fit remise à la chambre des comptes (2) de « touz et chascuns les aveuz, declaracions, informacions, renvois de la court de Parlement aux Grans Jours d'Anjou, enseignemens de celle court de Parlement, statuz et ordonnances des mestiers de la ville, remanbrances des assises d'Angiers, escriptures, memoires que autres quelxconques enseignemens que led. feu avoit devers luy en sa maison touchant les causes et affaires de très-hault et puissant prince le Roi de Sicile et duc d'Anjou pendans esd. cours de Parlement, des Grans Jours d'Anjou et assises dud. lieu d'Angiers que autres lieux quelxconques.... »

Auparavant, lors du décès de Soybaut un peu avant le 1er janvier 141$\frac{4}{5}$, ses exécuteurs et héritiers promettent

(1) P 1334[8], f° 62 v°.
(2) Le 20 juin 1474 ; P 1334[9], f° 259 v°.

que s'ils ont ou peuvent trouver lettres, papiers, informations, écritures ou autres choses touchant le Roi de Sicile, ils le rendront incontinent aud. seigneur ou à son conseil, et n'en retiendront ni recèleront rien pardevers eux (1).

## § 3.

### *Police. — Administration.*

On dut remarquer de bonne heure qu'à côté des nombreuses affaires que le seigneur confiait à son procureur, de même que tout particulier pouvait confier au sien les affaires touchant ses intérêts privés, il y avait certaines affaires qui par leur nature touchent les intérêts de l'universalité des sujets du prince, ou au moins d'un nombre considérable d'entre eux, et que quand il avait pris une de ces décisions d'intérêt général, il fallait confier à quelqu'un les pouvoirs nécessaires pour en assurer l'exécution. Il était tout naturel de confier ce soin à celui qui déjà se trouvait chargé de surveiller les intérêts du seigneur, intérêts qui comprenaient ceux de sa souveraineté tout aussi bien que ses intérêts pécuniaires, et c'est ainsi que nous trouvons le procureur du Roi de Sicile chargé de surveiller notamment l'exécution des ordonnances concernant la probité et la fidélité dans le débit des denrées et chez les marchands (2), et de

---

(1) P $1334^4$, f° 130 v°.

(2) Le procureur doit être présent lorsque le juge ou lieutenant reçoit le serment des commis du sergent des foires et marchés (P $1334^4$, au commencement).

celles relatives aux corporations et à l'organisation des métiers. L'ordonnance du Roi René du 27 avril 1461 concernant la draperie d'Angers (1) contient spécialement mandement au procureur en même temps qu'au sénéchal, gens des comptes, juge ordinaire et autres justiciers de faire et laisser jouir des privilèges contenus dans ladite ordonnance ceux qui l'ont obtenue.

En voici encore deux exemples pris dans le commerce de la boucherie : le 26 septembre 1454 le procureur de Saumur porte au conseil, déjà saisi d'une affaire semblable par les bouchers de Saumur, une complainte contre un boucher de Saumur (2).

Les bouchers de la grande boucherie d'Angers devaient au Roi de Sicile une redevance de 2 deniers par chaque bête aumaille tuée et débitée à Angers. Un jugement rendu par Gilles de la Réauté sur la demande du procureur de la cour le 2 décembre 1438 condamna les bouchers à payer cette somme (3). Il paraît que cette sentence ne fut pas exécutée ou qu'elle éprouva des difficultés dans son exécution, car le 28 avril 1459 le juge ordinaire remettait au procureur Louis Delacroiz un mandement pour faire ajourner les bouchers pour procéder sur l'appel qu'ils avaient interjeté de cette sentence. Le juge ordinaire qui était alors Jean Breslay statua comme représentant la juridiction des Grands Jours, mais cette poursuite en appel avait encore lieu avec l'intervention du procureur d'Anjou.

C'est dans les pouvoirs ainsi conférés au procureur

---

(1) P 1334[7], f° 219.
(2) P 1334[5], f° 119 v°.
(3) P 335, n° LXXII. P 1334[7], f° 46 r°. Ci-dessus, p. 55, note 1.

qu'il faut voir l'origine du droit qu'il paraît avoir eu de remplacer le juge d'Anjou dans quelques-unes de ses attributions, notamment pour le visa à mettre aux ordonnances du souverain. Une ordonnance du Roi René du 8 mai 1466 confirmant les statuts des cordonniers de Saumur (1) porte la mention suivante : *Visa per me procurator Salmuri in absencia domini judicis Andegavensis.* Ce visa donnait lieu à une perception fiscale de 4 écus payée sans doute par la corporation au profit de laquelle l'ordonnance avait été rendue. Il faut remarquer que dans cette circonstance le visa est donné par le procureur de Saumur, car il s'agissait d'une ordonnance relative à une corporation établie à Saumur.

Les anciennes coûtumes d'Anjou et du Maine autorisaient les magistrats à expulser de la ville les gens sans aveu, vagabonds, ou qui ne justifiaient d'aucun moyen d'existence (2) : Le procureur d'Anjou prenait part à l'exécution de cette mesure ; il assistait à une réunion du conseil du 23 décembre 1453 (3) dans laquelle il était décidé entre autres choses que tous vagabonds devraient dans un certain temps quitter la ville d'Angers sous une peine qui devait être annoncée, et à défaut par eux de quitter la ville, ils devraient être pris au corps et mis en prison.

Le conseil exerçait sa surveillance sur ce qui se passait dans les réunions de corporations afin que les droits du

(1) Recueil des Ordonnances, t. XX, p. 175.

(2) Coûtume ancienne, § 33 ; coûtume glosée, § 31 ; coûtume de 1411, § 84, etc.... Coûtumes d'Anjou et du Maine, t. I, p. 83, 221, 434.

(3) P 1334[5], f° 76 v°.

Roi de Sicile ne subissent aucune atteinte. J'ai parlé des difficultés qui se sont élevées entre le lieutenant du sénéchal et le juge de la prévosté au sujet de leur compétence comme conservateurs des privilèges royaux de l'Université d'Angers. Une réunion de messieurs de l'Université devait avoir lieu le 26 septembre 1453 dans l'église de Saint-Pierre ; le conseil ordonna le 25 au président des comptes et à plusieurs autres de ses membres de se trouver avec messieurs de l'Université pour leur enjoindre de ne faire aucune innovation sans le consentement du Roi de Sicile et de son conseil ; il donnait en même temps ordre au procureur d'Anjou de se trouver aussi en ladite église et de s'opposer à toutes les innovations qu'on aurait voulu apporter, et dans ce cas il devait en appeler pour le Roi de Sicile (1). La défense de faire innovation est faite au nom du conseil par quelques-uns de ses membres ; s'il y a une mesure d'action à prendre, c'est au procureur que cette mission est donnée.

Il avait le droit de prendre part aux délibérations pour aviser au prix du pain qui était fixé eu égard au prix du blé. A Saumur une délibération de cette nature est prise en vertu d'une lettre adressée le 29 août 1451 par le conseil aux lieutenant, juge de la prévosté et procureur de Saumur (2).

En vertu d'un règlement ancien (3) qui nous a été conservé par une copie du 26 août 1462, la surveillance des poids et mesures dont on se servait dans les marchés appartenait à un fonctionnaire désigné sous le nom

(1) P 1334[5], f° 62 r°; ci-dessus, p. 53.
(2) P 1334[5], f° 23 r°.
(3) P 1334[4], au commencement.

de sergent des foires et marchés qui pouvait avoir des commis pour l'aider dans l'accomplissement de ses fonctions. Ce sergent était soumis à la surveillance du procureur qui pouvait le poursuivre devant la cour pour le faire condamner en cas de mauvaise conduite de son office. Il est probable, quoique le règlement ne s'en explique pas, qu'il avait le même droit à l'égard des commis.

Dans d'autres circonstances, le procureur était spécialement compris parmi les personnes chargées de maintenir l'ordre dans des circonstances déterminées. Les archives de la Mairie d'Angers (1) ont conservé le souvenir d'un mystère de la Passion qui fut représenté au mois d'août 1486 ; une réunion du conseil de ville eut lieu le 12 août 1486 chez le gouverneur avec ledit gouverneur, le maire, le juge, les lieutenants d'Anjou, le juge de la prévosté et autres ; plusieurs magistrats parmi lesquels le procureur d'Anjou, devenu le procureur du Roi, furent désignés pour maintenir l'ordre et faire faire silence pendant la représentation qui était indiquée pour le 20 août.

## § 4.

### *Rapport au conseil des affaires où le procureur du Roi a reçu des instructions.*

Les procureurs devaient rendre compte au conseil de l'état des affaires dont ils étaient chargés ou qui étaient portées devant la juridiction à laquelle ils appartenaient,

(1) C. Port, Inventaire des Archives de la mairie d'Angers, page 349, documents.

ou même qui auraient pu amener plus tard des difficultés. De semblables ordres ont été spécialement adressés au procureur de Saumur, notamment dans les procédures presque interminables auxquelles donnèrent lieu les difficultés relatives au prieuré de Cunault, celles avec les marchands qui naviguaient sur la Loire, et celles provenant de réclamations de sommes d'argent aux habitants de Saumur pour des travaux au château de Saumur (1). Dans ces cas le rapport avait été demandé par le conseil ou par la chambre des comptes. Ces rapports pouvaient aussi être faits spontanément par les procureurs : le 17 avril 1459 celui de Beaufort rapporte qu'il a fait commandement à Maucourt de ne pas entreprendre sur la chapelle de l'aumônerie de Beaufort (2).

Ces rapports du reste n'étaient pas toujours examinés immédiatement par le conseil ; celui fait par le procureur et le lieutenant de Saumur sur le procès relatif au rachat du prieuré de Cunault fut remis le 10 juin 1455 à Lebigot et Lelou pour être revu par eux, et ils durent en faire leur rapport au conseil (3).

Il y eut sans doute quelque chose de semblable dans un des incidents du procès sur les feurres de Baugé ; après 1491 les dires du procureur du Roi de Baugé au sujet des feurres furent adressés à François Binel juge ordinaire (4).

---

(1) P 1334[5], ff. 54, 57 v° et suiv., 124 r° et v°, 117 r° et v°, 128 r°, 129 r° ; P 1334[7], f° 117 r°.
(2) P 1334[7], f° 48 r°.
(3) P 1334[5], f° 128 r°.
(4) P 348 (4), n° XXIII, page 7, ancien classement.

## § 5.

### *Sceau. — Registres du procureur du Roi.*

Un règlement du Roi de Sicile du 6 avril $145\frac{0}{1}$ fixe à trois le nombre des sceaux dont il doit être fait usage dans sa chancellerie pour l'expédition de toutes les lettres qui en émanent (1) : l'un d'eux est désigné sous le nom de « seel ordonné pour la justice », c'est celui qui portait en exergue *sigillum litterarum justicie ;* il était destiné à sceller toutes lettres de justice, *debitis*, grâces à plaider, abréviations et autres semblables : avant que le sceau y fût apposé, les lettres devaient être visées par l'une de ces trois personnes : l'avocat, le procureur ou maître Jean Trepigne.

Peut-être ce règlement avait-il été rendu nécessaire par des abus commis dans les dernières années du XIVe siècle antérieurement à 1402, et à la suppression desquels prit part le procureur d'Anjou en sa qualité sans aucun doute de membre du conseil ; car les mesures de l'exécution desquelles il était chargé et auxquelles il avait pris part pouvaient atteindre des magistrats d'un rang au moins égal au sien.

En 1402 les procureurs d'Angers, du Mans et de Saumur prennent part à un projet de délibération du conseil, (non suivie d'effet), par suite de laquelle le juge ordinaire, qui d'ailleurs était présent à la délibération, les lieutenants d'Angers (celui-ci était présent), de Sau-

(1) P 1334⁵, f° 63 r°.

mur, de Baugé et du Mans seraient tenus de rendre compte de ce qu'ils avaient perçu induement pour sceau de lettres de justice. Cette usurpation fut mise à néant à deux reprises différentes par mandements du Roi de Sicile qui furent remis pour en assurer l'exécution au procureur d'Anjou puis au procureur du Maine (1).

Le procureur d'Anjou, comme d'ailleurs tous les personnages de cette époque, avait un sceau ; mais on peut se demander quelle en était la valeur et s'il était suffisant pour donner la force complète aux actes auxquels il avait été apposé. Une adjudication d'une place vide appartenant au duc d'Anjou fut faite le 12 mars $137\frac{1}{2}$ à Entremet de Santofange moyennant 4 deniers de cens par Torchart et Chandelier qui ont scellé l'acte de bail à rente ; mais en outre à cet acte est attaché un acte de Pierre Marin tabellion et garde des sceaux établis aux contrats de la ville d'Angers, scellé des sceaux établis aux contrats de la ville d'Angers et du ressort, du 25 juillet 1372, qui atteste que l'empreinte des sceaux apposés auxdites lettres de baillée à rente est bien celle des sceaux d'Etienne Torchart procureur général en Anjou et de Pierre Chandelier receveur général en Anjou « lesquelles lectres dessusdictes nous veismes seeller des seaux desdiz procureur et receveur, le jour qu'elles furent seellées » (2).

A une époque ancienne, le procureur lorsqu'il avait été présent à l'assise contresignait les actes du juge ordi-

(1) P 1334[4], ff. 61 v° et 68 r°.
(2) P 335, n° VI, ancien classement.

naire, au moins ceux relatifs à l'hommage reçu à l'assise (1). Ces actes étaient en quelque sorte faits contradictoirement avec lui, car c'est un des cas où il représentait de la manière la plus complète le duc d'Anjou.

On pourrait affirmer sans avoir besoin de preuve spéciale que le procureur devait être aidé par quelques personnes dans l'exercice de ses fonctions au moins pour la partie matérielle, écritures, envois etc... Les registres nous ont conservé plusieurs mentions relatives à des clercs (2).

Les mêmes registres constatent aussi l'existence d'un journal qu'il devait tenir régulièrement ; ce registre faisait foi des actes du procureur. Son existence est constatée le 5 décembre 1464 par une réponse faite aux procureurs du Roi de Sicile à Paris à propos de Chasteauceaux, le conseil en invoque le témoignage à l'appui de sa réponse (3).

## § 6.

### *Aveux. — Hommage. — Ost. — Chevauchée.*

Tous ceux qui relevaient nuement du duc d'Anjou devaient venir lui faire leur aveu dans les cas et dans

(1) Hommage fait le 22 février 13$\frac{89}{90}$ à l'assise du Mans tenue par Thibaut Levraut, juge ordinaire, par Jean Vaalin maître et administrateur de la Maison-Dieu de Confort près le Mans : l'acte est scellé par le juge..... « Par monseigneur le juge, le procureur présent (signé) Soybaut (avec parafe) (P 344, n° L, ancien classement).

(2) Un Jean Tahureau clerc de Estienne Torchart reçoit en 1377 40 francs pour remboursement de dépenses faites à Paris (KK 242, f° 52 v°). Le 28 mai 1412 le clerc de Jean Dubreuil procureur du Maine apporte aux gens des comptes l'aveu du sire de Laval (P 1334[4], f° 123 v°).

(3) P 1334[8], f° 86.

les délais prescrits par la coûtume. C'est surtout le procureur qui était plus spécialement chargé de veiller à ce que les feudataires relevant directement du duc d'Anjou comte du Maine s'acquittassent exactement de leurs obligations.

Les aveux étaient le plus souvent faits à l'assise dans le ressort de laquelle étaient situés les fiefs. Dans un assez grand nombre de circonstances cependant ils pouvaient être faits soit au Roi de Sicile directement, soit au chancelier. Dans ces cas, avis en était immédiatement donné à tous ceux qui avaient droit d'exiger l'aveu et hommage de ceux qui le devaient. L'acte de foi et hommage quand il n'était pas fait devant l'assise contenait en même temps mandement du Roi de ne troubler ni molester ceux qui avaient ainsi fait l'aveu (1).

Le plus souvent cet avis était donné purement et simplement ; mais il pouvait se faire aussi qu'il ne fût donné qu'avec des réserves ; c'est ainsi que le 25 octobre 1450 le Roi René donne avis aux gens des comptes, au

(1) Aveu du 22 août 1401 de la terre de la Giraudière fait au Roi Louis (P 344 n° IIII^xx (4), ancien classement). Aveu du 3 mars 1434 par Hardouin de Bueil évêque d'Angers de la terre de Chasteaux fait au Roi René (Dom Housseau, t. IX, n° 3873, Archives du duché de La Vallière). Aveu fait devant le conseil et reçu par le chancelier le 26 novembre 1471 de la terre de Bommaye (P 341, n° II, f° 38 v°, ancien classement).

Avis donné par la Reine Yoland à la suite d'une transaction intervenue entre elle et le cardinal de Sainte-Praxede le 24 octobre 1442 (P 343, n° IIII^xxIII, ancien classement).

Avis donné par le Roi René le 20 janvier $146\frac{2}{3}$ de l'hommage fait par le duc d'Alençon comte du Perche pour ce qu'il tient de lui ; (P 1334[8] f° 13 v°.

procureur et à d'autres que le sire de Laval est venu lui offrir la foi et hommage de la terre de Candé pour sa femme et qu'il y a été reçu, sauf et réservé au procureur d'Anjou l'opposition qu'il a faite devant le Roi à cette réception, parce que ses prédécesseurs à cause de sa femme ont été au siège, prise et démolition de Chasteauceaulx et y ont consenti (1).

L'aveu devait être fait dans les 40 jours de l'événement qui le rendait obligatoire ; mais ce délai pouvait être prolongé moyennant promesse de le faire dans un certain délai. Le sire de Prez avait sur les réclamations de la chambre des comptes promis de justifier de son hommage fait au Roi de Sicile ; comme il n'en avait rien fait la copie de la lettre qu'il avait écrite fut remise au procureur chargé de le poursuivre (2).

L'aveu était fait en présence du procureur qui devait mettre son visa constatant sa présence sur le certificat qui était délivré par le juge ordinaire ou celui qui tenait l'assise pour lui (3). Mais ce certificat n'était pas délivré immédiatement lorsque l'aveu était remis, mention était faite en général au dos de l'original, que le dépôt en avait été fait tel jour à l'assise tenue par tel magistrat, et pour statuer il renvoyait à l'assise suivante. Dans l'intervalle l'aveu était examiné par les représentants du duc d'Anjou et notamment par son procureur, et aux assises suivantes il était statué par l'assise sur les blâmes auxquels il donnait lieu.

---

(1) P 1334[5], f° 23 v°.
(2) P 1334[4], f° 90 v°.
(3) P 344, n° L, ancien classement.

C'est au conseil que le plus souvent les termes de l'aveu fait étaient examinés avec le procureur d'Anjou; plusieurs des registres de la chambre des comptes tiennent note exactement des sujets de blâme relevés contre les aveux; notamment le 22 décembre 1471 le procureur contredit au conseil les termes dans lesquels le vicomte de Beaumont veut faire hommage des terres et seigneuries de Château-Gontier, La Flèche et Pouancé (1).

Lorsque le procureur ne se trouvait pas à l'assise il était sursis à la réception de l'hommage à cause de son absence, toutes choses demeurant en état (2).

Si au cours du procès celui dont l'aveu était demandé reconnaissait le bien fondé de la demande formée contre lui, il faisait une déclaration constatant qu'il tenait du Roi de Sicile duc d'Anjou et s'avouait tenir de lui nuement, et qu'à l'égard de la foi et hommage réclamés par le procureur il consentait à obéir à l'assise dans le ressort de laquelle se trouvait son fief. Cettte déclaration était remise au procureur qui la faisait enregistrer sur les registres à ce destinés, et l'original en était déposé dans un coffre de la chambre des comptes où étaient mis les aveux. Mention de cet enregistrement et de ce dépôt était faite sur l'original de la déclaration (3).

L'intervention du procureur avait lieu à toutes les phases du procès ; il était au nombre de ceux à qui la

---

(1) P 341, n° II, f° 3 r°, ancien classement.

(2) P 1334[6], f° 14 r°.

(3) Aveu de Perceval Chabot du 24 août 1430; aveu d'Alienor des Roches dame de Beaupréau du 1er juin 1429; P 341, n° I, f° 97 v°; P 339, n° II, f° 174 r°, ancien classement.

chambre des comptes faisait des communications dans le cours de ces affaires (1).

Les aveux devaient être transcrits sur deux registres dont l'un était destiné à rester à la chambre des comptes d'Angers, l'autre devait être déposé au château d'Angers ; c'est cette disposition prévoyante du règlement du 31 mai 1400 (2) qui nous a sans aucun doute conservé, soit en originaux, soit en copie, les aveux de la presque totalité des fiefs relevant nuement du duc d'Anjou.

Il était important en effet d'assurer la conservation de ces titres pour les comparer entre eux chaque fois que de nouveaux aveux étaient faits ; ils étaient communiqués aux procureurs qui ne mettaient pas toujours une grande exactitude à les rendre ; il fallait souvent les leur réclamer. Des lettres de la chambre des comptes étaient adressées soit directement, soit par l'intermédiaire du procureur d'Anjou à tous ceux qui en étaient détenteurs à quelque titre que ce soit ; les nombreuses mentions que nous ont conservées les registres nous montrent que ces communications étaient très fréquentes, et l'examen des aveux anciens était nécessaire pour fixer les rachats dûs, et qui pouvaient augmenter ou diminuer suivant que le fief avait aussi augmenté ou diminué (3). La chambre des comptes allait même jusqu'à prendre la précaution de ne les communiquer que sur un reçu du procureur avec promesse de rendre ; c'est dans ces conditions que la chambre des comptes prêta le 21 no-

(1) P 1334[8], ff. 63 v° et 64 r°.
(2) Arch. nat. P 1334[4], au commencement.
(3) P 1334[5], f° 109 v° ; P 1334[6], ff. 123 v°, 124, 158 r°, 196 r°.

vembre 1454 au procureur de Saumur un livre en papier contenant copie des pièces relatives au prieuré de Cunault dont l'hommage fut si longtemps litigieux entre le Roi de Sicile et le cardinal de Sainte-Praxède (1).

### *Ost et chevauchée.*

Ce qui avait rapport à l'exercice des droits d'ost et chevauchée rentrait aussi dans les attributions du procureur.

Le capitaine de Brochessac avait voulu contraindre les habitants de La Marzelle à y faire guet et garde ; ils prétendaient ne les devoir qu'au chastelain du Pont de Sée. Le procureur se joignit aux habitants et fit ajourner le capitaine de Brochessac au conseil pour qu'il fût dit qu'il n'avait pas droit d'agir ainsi, et pour qu'il fût contraint de rendre les gages qu'il avait saisis (2). La sentence du conseil qui admit la réclamation des habitants de La Marzelle et du procureur d'Anjou est du 26 janvier 141$\frac{3}{4}$.

Ce fut au procureur de Saumur que en 1457 la chambre des comptes remit les noms de ceux qui devaient ost et chevauchée à cause du chastel et seigneurie de Saumur (3).

Le capitaine de Baugé, malgré une sentence du juge d'Anjou de 1443, voulait faire faire guet et garde au château de Baugé par les sujets du seigneur de Fontaine-Milon. La chambre des comptes lui envoie le 24 janvier 147$\frac{1}{2}$ une copie de cette sentence en lui disant : . . . .

(1) P 1334[6], f° 35 r°.
(2) P 1334[4], f° 128 r°.
(3) P 1334[6], f° 160 r°.

« et au sourplus que à l'assise prouchaine de Baugé devez consulter ceste matere avec le procureur et autres officiers du Roy, à ce que s'il y a bonne cause et matere pour le Roy nostred. maistre au possessoire desd. causes, led. procureur les poursuive ».... (P 1334⁹, f° 153 v°).

## § 7.

### *Domaine du duc d'Anjou.*

Le domaine du duc d'Anjou était sous la surveillance spéciale du procureur ; et cette surveillance devait être des plus actives et de tous les instants, puisque d'après les idées qui avaient cours à l'époque qui nous occupe, il n'y avait pas encore de séparation entre le domaine privé du duc et ce qu'on pourrait appeler son domaine public. Les atteintes portées à ce domaine étaient des plus nombreuses et bien variées quant à leur nature — ce n'est pas d'hier que l'on manque au respect légitimement dû au domaine du souverain ; — et le procureur devait exercer sa surveillance sur toutes celles qui pouvaient survenir et qui provenaient notamment :

D'actes d'administration imprudents d'où pouvaient résulter des conséquences onéreuses ;

D'aliénations, ou même d'acquisitions faites inconsidérément ;

De négligence ou malversation dans l'administration des revenus de toute nature ;

Des actes que toutes personnes y compris le Roi de France pouvaient se permettre contre le domaine ; — et dans le domaine, pour nous conformer aux idées de cette époque, nous devons comprendre tout ce qui a rapport à la justice.

### *Actes pouvant être onéreux au domaine.*

Tel est d'abord un contrat de mariage comme celui de Blanche d'Anjou fille naturelle de René avec Bertrand de Beauvau ; ce contrat est vérifié le 11 janvier $146\frac{7}{8}$ par les gens des comptes, « appelé le procureur d'Anjou, et oy sur ce, en presence des chancelier, juge, avocat d'Anjou et plusieurs autres conseillers dud. seigneur » (1).

J'ai parlé plus haut (v. notice sur Louis Delacroiz) des difficultés entre le Roi de Sicile et le duc de Bretagne après la confiscation des biens de Gilles de Laval sire de Rais. Une transaction était intervenue entre les parties en 1450, et comme cette transaction était onéreuse au domaine du Roi de Sicile, il fallait nécessairement qu'elle fût approuvée par le pouvoir compétent pour le faire, ou au moins que l'on eût son avis qui pouvait empêcher le Roi de Sicile de passer outre, ou lui faire modifier ses résolutions primitives, résultat qui n'était pas toujours obtenu. La transaction dont je viens de parler emportait renonciation du Roi de Sicile à tous les droits résultant pour lui des arrêts du Parlement moyennant une somme de 12.000 réaulx d'or que payait le duc de Bretagne. Le préjudice éprouvé par le Roi parut tel que le juge ordinaire, le président des comptes Gauquelin, et le procureur d'Anjou Louis Delacroiz furent trouver la Reine de Sicile à Launay près Saumur pour lui exposer le préjudice qui pourrait en résulter. Elle fit venir le Roi qui se trouvait en Normandie, et à son arrivée le conseil se

(1) P 1334[8], ff. 196 r°, 198 v°.

réunit solennellement à Launay. Louis Delacroiz remontra *grandement et vertueusement* quels étaient les droits du Roi, combien la transaction pouvait lui être préjudiciable, à lui et à son pays d'Anjou, et tout le conseil parut être unanimement de son avis. Il n'y eut pas de décision prise ; le Roi se laissa aller par suite de quelques concessions du duc de Bretagne, et les lettres de la transaction ainsi modifiées furent expédiées sans délibération du conseil, sans en avoir eu expédition dans la chambre des comptes (1). Le président des comptes et le sénéchal d'Anjou y firent bien insérer quelques clauses qui n'engageaient pas trop le Roi de Sicile pour l'avenir, mais dans ces dernières circonstances, il ne paraît pas que le procureur soit intervenu.

Nous retrouvons encore l'intervention du procureur dans le cas d'une autorisation donnée par le Roi René de faire à des verriers délivrance de coupes de bois dans les bois de La Roche-sur-Yon (2) ; telle est aussi l'autorisation donnée par le procureur le 10 janvier $145\frac{7}{8}$ d'exploiter une carrière et d'en extraire des ardoises (3).

Les travaux que le Roi de Sicile faisait faire pour ses bâtiments et les fournitures nécessaires pour leur exécution pouvaient être souvent l'occasion de charges considérables pour le domaine. Ces travaux étaient adjugés à des entrepreneurs, et la plupart du temps le procureur d'Anjou ou ceux des autres sièges intervenaient dans les adjudications.

(1) P 1334[5], f° 34 r°.
(2) P 1334[6], f° 134 r°.
(3) *Eod.*, f° 218 v°.

A Angers elles paraissent s'être faites devant le conseil ou la chambre des comptes (1). Dans les autres sièges, elles se faisaient devant les magistrats composant le siège, et le procureur ou son substitut: le 21 juillet 1466 une adjudication de travaux est faite dans l'auditoire de Baugé (2) en présence de Jacques Richomme commis du lieutenant et de Jehan Damours substitut du procureur (3).

On peut ranger dans la même catégorie une vente faite le 23 août 1411 par Guillaume Paynel procureur à Saumur et Girard Christian receveur d'Anjou à Philipot Lefoulon et Jean Bardoys d'une place dans la Loire à Saumur pour y construire un moulin (4). Les moulins dans ce temps avaient en quelque sorte un caractère de travaux publics, comme on peut s'en convaincre par les dispositions des diverses coûtumes d'Anjou et du Maine à cet égard.

Il en est de même de l'autorisation de faire des travaux pouvant porter atteinte en quelque partie au domaine du souverain, qui était donnée par le procureur soit seul (5), soit avec le concours d'autres personnes (6)

(1) V. Coustumes d'Anjou et du Maine, t. III, p. 162.

(2) P 1334[8], f° 147.

(3) V. P 1334[8], ff. 67 r° et 140 v°, la présence de Louis Delacroiz à deux adjudications, la première le 24 août 1464 pour un pilier aux ponts de Sée, la seconde le 5 mai 1466 pour des travaux au château d'Angers.

(4) P 329, n° LXXIII, ancien classement.

(5) Consentement donné le 30 août 1460 par Louis Delacroiz à une baillée de terrain pour faire une levée pour aller au pont de Sorges, à charge de la planter (P 1334[7], f° 124 r°).

(6) 7 avril 1410 après Pasques, Soybaut procureur, Pierre Guiot et J. Herbelin commissaire sur le fait des œuvres autorisent Lemercier, moyennant le payement de douze deniers de cens, à construire une cheminée appuyée au mur ancien de la ville (P 1334[4], f° 108 r°).

qui faisaient partie du conseil, ou qui avaient commission de la chambre des comptes.

Ce n'est pas seulement quand il s'agissait d'autorisations à accorder que le procureur intervenait ; lorsqu'il s'agit de travaux à faire, on le trouve présent soit avec des gens des comptes (1), soit avec eux et le juge et le lieutenant d'Angers (2).

Dans ces deux cas, c'était le procureur d'Anjou qui procédait à cette opération : ce pouvait être aussi le procureur du siège dans le ressort duquel les travaux devaient avoir lieu (3).

Le procureur pouvait aussi être chargé du payement des dépenses faites dans ces circonstances (4).

Une conséquence naturelle du droit de faire des adjudications pour travaux publics, est celui de faire des marchés pour les fournitures qui s'y rapportent (5).

---

(1) Visite des œuvres nécessaires pour les ponts d'Espinaz, le 3 août 1402 (P 1334[4], f° 60 v°).

(2) 19 juillet 1463, visite des ponts de Sée pour les réparations à y faire (P 1334[8], f° 36 r°).

(3) 12 novembre 1411, le procureur à Saumur et le lieutenant à ce siège visitent les réparations et emparements nécessaires au château de Saumur (P 1334[4], f° 120 v°).

(4) Mandement du 21 décembre 1456 à Alardeau de bailler et délivrer à Jeh. Pelet procureur à Saumur tout le droit qui nous appartient jusqu'à la Saint-Jean-Baptiste des attaches des moulins des ponts de Saumur pour affecter à la réparation desdits ponts détruits par la crue de la Loire. Alardeau rapportera les quittances de Pelet ; et celles des parties à qui les deniers auront été distribués seront signées des lieutenant et juge de la prévosté (P 1334[6], f° 152 r°).

(5) Marché pour une fourniture de chaux fait le 10 août 1465 par Louis Delacroiz (P 1334[8], f° 112 r°).

*Aliénations.*

Le procureur d'Anjou était chargé, soit seul, soit avec d'autres, de donner son avis sur les aliénations du domaine que voulait faire le duc d'Anjou.

A plusieurs reprises la chambre des comptes avait été appelée à faire des recherches sur les portions du domaine du Roi de Sicile susceptibles d'aliénation. Je citerai notamment l'ordre donné par les gens des comptes le 30 août 1453 le procureur appelé, de visiter plusieurs places qu'on pourrait bailler à cens (1), et une autre recherche semblable faite quelques années plus tard, qui fut suivie le 8 juillet 1467 de la baillée à cens d'une venelle enclose induement, baillée faite de l'avis et de l'opinion des gens du conseil (2).

Cette intervention n'avait pas seulement lieu d'une manière générale, elle avait aussi lieu nécessairement lorsqu'il s'agissait d'aliénations ou de concessions de choses déterminées faites sur la demande des parties qui devaient en profiter. Ainsi l'abbé de Saint-Aubin demande l'autorisation de faire son combrier là où il était autrefois, le procureur qui était alors Louis Delacroiz fut chargé avec plusieurs membres de la chambre des comptes le 3 septembre 1453 de faire un rapport au conseil, rapport qui fut fait le lendemain (3).

Ces visites et vérifications faites lorsqu'une conces-

(1) P 1334[5], f° 189 r°.
(2) P 1334[6], f° 186 v°.
(3) P 1334[5], ff. 65 v° et 66.

sion était demandée étaient faites quelquefois par les gens des comptes eux-mêmes assistés du procureur et d'autres, par exemple le juge ordinaire (1). A Saumur nous trouvons le procureur assisté par le juge ordinaire en 1468 (2), par le juge de la prévosté le 14 juin 1475 (3), par l'enquesteur le 12 mars $144\frac{7}{8}$ (4), et même par un notaire en 1476 *(n. s.)* (5). Une autre fois, le 4 février $144\frac{6}{7}$ cette visite a lieu par le procureur accompagné par l'avocat fiscal (6).

Cette visite pouvait suivre la concession et avoir pour but la fixation de la rente que le concessionnaire devait faire. Une semblable visite est faite dans le comté de Beaufort le 20 février $145\frac{3}{4}$ par le procureur de Beaufort qui est assisté par plusieurs personnes, entre autres Jean du Vau juge ordinaire d'Anjou et sénéchal de Beaufort, le lieutenant de Beaufort, un des conseillers des comptes, etc.... (7).

Lorsque ces formalités étaient remplies, la vente était faite soit par la chambre des comptes avec l'intervention du procureur (8) ; soit dans les formes ordinaires sous forme de lettres délivrées sous le sceau de la juridiction

(1) Baillée à rente à Jean Binel, avocat, d'un terrain pour y construire une maison, 18 juillet 1459 (P 1334[7], f° 58 r°).

(2) P 1334[8], f° 221 v°.

(3) P 329, n° XCII, ancien classement.

(4) P 329, n° LXXVIII, ancien classement.

(5) *Eod.*, n° XCV, ancien classement.

(6) P 1334[5], f° 103 r°.

(7) P 1334[5], f° 186 r°.

(8) Vente à Jean Folet maître boucher de *l'Ancerée* faite au nom du duc d'Anjou ; et d'une maison en *Reculée* faite à Raoulin de Froidefontaine le 30 août 1453 (P 335, n°s XXXII et XXXIII, ancien classement).

dans le ressort de laquelle était située la chose vendue (1); soit dans des formes semblables, mais devant la chambre des comptes à Angers, alors même que les choses étaient en dehors du ressort d'Angers (2).

L'accomplissement des formalités dont je viens de parler était constaté par le certificat du procureur et de tous ceux qui avaient pris part à l'information préliminaire qui devait avoir lieu. Les lettres du duc d'Anjou Roi de Sicile qui avait dès le principe consenti l'aliénation étaient jointes aux pièces constatant le transport de la propriété (3).

La vente avait lieu aux enchères lorsqu'il n'y avait pas eu de propositions préliminaires, et quelquefois même lorsqu'il y en avait ; dans ce cas c'était une sorte de surenchère. Cette enchère pouvait avoir lieu devant le procureur, et c'est ainsi que celui de Saumur fut chargé avec le lieutenant du receveur d'Anjou de recevoir les enchères pour la vente d'une maison à Saumur (4). Trois publications qu'on appelait les cris et bans de huitaine, quinzaine et quarantaine précédaient ces ventes aux enchères, de même que toutes autres ventes faites aux enchères. Il arrivait même quelquefois que le délai

---

(1) Vente d'une place vide sur les ponts de Saumur faite le 12 mars $144\frac{7}{8}$ à Robin Regnart (P 329, n° LXXVIII). Autre vente à Saumur du 15 décembre 1403 (P 329, n° LXV, ancien classement).

(2) Ventes faites devant la chambre des comptes de choses au baille ou boille du château de Saumur, le 12 mai 1459 et le 1er avril $146\frac{5}{6}$ (P 329, nos LXXXI et LXXXII, ancien classement).

(3) V. la vente du 12 mars $144\frac{7}{8}$, P 329, n° LXXVIII, ancien classement.

(4) P 329, n° LXV, ancien classement.

était encore prolongé. C'est ce qui arriva dans la vente dont je parle. Le premier cri eut lieu le samedi 10 février $140\frac{2}{3}$ le second le samedi 18 février, et le samedi suivant le cri de quarantaine avec avertissement que la quarantaine expirerait le samedi veille de Pasques fleuries. Ce jour-là il y eut une nouvelle publication annonçant que le délai était prorogé jusqu'au samedi 26 mai suivant (1).

Ces ventes ou baillées à cens n'étaient pas toujours des aliénations pures et simples, elles étaient faites à la charge de certains travaux qui paraissent rentrer dans la catégorie des travaux d'entretien. C'est ainsi que le 18 août 1359, Nicolas Le Chandelier procureur au Maine, conjointement avec le lieutenant du sénéchal et le lieutenant au Maine du receveur d'Anjou et du Maine, adjuge une tourelle faisant partie des fortifications du Mans, à la charge de la tenir en bon état de réparations (2).

Plus tard en 1398 le fermier de la prévosté de Saumur demandait que des réparations qu'il prétendait avoir faites fussent rabattues sur sa ferme. Le receveur et le procureur d'Anjou sont chargés d'aller sur les lieux voir

(1) Voy. en outre les actes suivants : 13 juin 1403, P 337, n° XXX ; 16 décembre 1418, P 335, n° III ; 11 février $14\frac{39}{40}$, P 335, n° XVII ; septembre 1453, P $1334^5$, f° 159 v° ; 14 décembre 1455, P $1334^6$, f° 81 v° ; 17 mai 1457, P $1334^6$, f° 163 v° ; 18 mars 1466, P 335, n°s L et LIII. La première de ces adjudications est faite par le procureur à Saumur, toutes les autres le sont par le procureur d'Anjou. Celles de 1418 et 1439 sont faites par lui et le receveur d'Anjou ; celle de 1457 par les gens des comptes en présence du juge d'Anjou, du procureur, et du lieutenant d'Angers ; les autres mentionnent la présence du procureur d'Anjou seul, en ajoutant que la vente est faite *de son consentement*.

(2) P 329, n° XXIIII, ancien classement.

la place, et de lui en bailler leurs lettres s'il veut prendre à cens la maison où ont été faites les réparations (1).

Cette manière de faire me paraît avoir été abandonnée plus tard, car je n'ai pas rencontré d'autres exemples d'adjudications faites ou projetées dans de semblables conditions.

Les lettres de ventes étaient scellées par le procureur lorsqu'il avait pris part à la vente (2). Dans les mêmes cas on remarque aussi sa présence à l'obligation contractée par l'acheteur pour le payement du prix. A cette époque en effet les différentes parties dont se compose une vente étaient souvent l'objet d'actes séparés : le procureur d'Anjou stipulait au nom de son souverain, il était naturel que l'obligation de payer fût prise envers lui en cette qualité ; et dans ce cas encore, on constate l'assistance du receveur d'Anjou (3).

Les aliénations que le duc d'Anjou faisait de son domaine n'étaient valables que quand elles avaient été enregistrées par la chambre des comptes. L'envoi à la chambre pouvait être fait directement par le duc d'Anjou, mais il l'était souvent aussi par la partie qui le présentait à la chambre pour avoir son attache et expédition. Cette approbation de la chambre, donnée avec ou sans

(1) P 1334[4], f° 21 v°.

(2) Vente antérieure à 1413 scellée par Paynel procureur à Saumur et Jeh. Christian lieutenant audit lieu du receveur d'Anjou (P 1334[4], f° 126 r°).

(3) Obligation de Macé Labouillie de payer XII d. de cens pour concession d'une venelle par le duc d'Anjou, en présence de Louis Delacroiz procureur et de Pierre Lebouteiller receveur ordinaire d'Anjou, du 5 juillet 1467 (P 335, n° LIIII, ancien classement).

réserves, l'était sous forme d'une décision de la chambre qui était expédiée sur une feuille de parchemin séparée et qui était attachée à celle contenant les lettres patentes du prince. Quand les lettres patentes étaient remises à la chambre, elle en ordonnait la communication au procureur pour savoir s'il s'y opposait ou non. S'il ne s'y opposait pas, mention était faite de son défaut d'opposition. S'il s'y opposait, il était reçu à son opposition et la chambre lui indiquait jour pour en exposer les motifs ; il pouvait lui être accordé des remises, et, dans le cas où la présentation était faite par la partie qui avait obtenu les lettres patentes, la discussion pouvait avoir lieu contradictoirement avec cette partie (1).

### *Acquisitions.*

Lorsqu'une acquisition avait été faite, c'est le procureur qui était chargé de remettre à la chambre des comptes les titres de l'acquisition ou de la prise de possession ; c'est ainsi que Soybaut procureur d'Anjou dépose le 10 décembre 1402 à la chambre des comptes l'exploit de saisie et possession par lui prise de la terre de Saint-Laurent-des-Mortiers (2).

---

(1) 5 février $145\frac{6}{7}$, donation par le Roi René à la veuve d'un portier du château d'Angers d'un logis aux halles d'Angers sa vie durant, (P $1334^{8}$, f° 181 v°) ; 25 août 1457, communication ordonnée au procureur d'un don fait au sieur de Cursay (P $1334^{6}$, ff. 167 r°, 186 r°, 212 v°) ; 10 janvier $146\frac{3}{4}$, donation par le Roi René d'une maison à son valet de chambre Lepaige (P $1334^{8}$, f° 57 r°) ; 7 janvier $146\frac{7}{8}$, avis demandé sur le don d'une maison fait à Catherine Paulus (*Eod.*, f° 195 r°).

(2) P $1334^{4}$, f° 61 v°.

La Reine de Sicile avait fait acquisition du château et terre de La-Roche-Mabile ; les lettres du transport qui lui en avaient été faites furent apportées au conseil le 11 février 142$\frac{0}{1}$ par le lieutenant, et le 16 du même mois par ordre du conseil elles furent remises au procureur (1).

*Atteintes directes portées au domaine du duc d'Anjou.*

En septembre 1410 le conseil est saisi d'une demande faite par Ridouet, procureur à Baugé, contre Richomme pour avoir désemparé et démoli une tour au château de Baugé (2).

Le 13 mai 1457 la chambre des comptes écrit aux lieutenant et procureur de Beaufort pour poursuivre et saisir deux individus qui faisaient paître induement des chevaux dans les pâturages de Beaufort (3).

La chasse et les droits de pâturage dans les forêts étaient une partie importante du domaine du duc d'Anjou.

Il y avait une juridiction spéciale des forêts pour l'Anjou et le Maine; elle connaissait aussi des faits de chasse, alors surtout qu'ils étaient commis dans les lieux soumis à sa juridiction. Mais devant cette juridiction, c'est le procureur d'Anjou ou le procureur du ressort où se trouvaient les lieux litigieux qui représentait le duc d'Anjou. Je n'en citerai ici que deux exemples qui tous les deux sont fournis par les empiétements de l'abbaye du Loroux sur les droits du duc.

En juillet 1409, le procureur d'Anjou poursuit l'abbé

---

(1) P $1334^{4}$, ff. 141 v° et 142 r°.
(2) P $1334^{4}$, f° 112 r°.
(3) P $1334^{6}$, f° 160 v°.

du Loroux pour un déplacement de bornes près de la forêt de Monnois et pour injures : l'abbé demande le renvoi de la cause à l'assise de Baugé à laquelle suivant lui la connaissance en appartenait. La monstrée de la borne est ordonnée par Pierre Guiot lieutenant d'Angers qui prend la charge de la faire, et la cause principale est renvoyée à la prochaine assise de Baugé (1).

Un peu plus de trente ans après, en 1442, le procureur d'Anjou poursuit le même abbé devant le maître enquêteur et réformateur des eaux et forêts d'Anjou pour entreprises sur les droits du souverain dans les forêts de Monnoys et Chandeloys, usurpation des droits de haute justice, exploitation indûe des forêts et exercice de droits d'usage qui ne leur appartenaient pas, et pour exercice indû de droits de chasse (2). L'affaire n'avait pas pu se terminer devant la juridiction spéciale des eaux et forêts. L'abbaye demanda à messieurs les gens du conseil et des comptes de terminer l'affaire sommairement et de plain. Cette demande fut accordée dans une séance du conseil à laquelle assistaient le juge ordinaire et le procureur d'Anjou, et après examen des lettres de donation du Roi Richard les religieux furent renvoyés de la plainte, mais moyennant l'exécution de certaines conditions. La sentence du conseil portait la mention : « accordé de Guillaume Delacroiz advocat fiscal d'Anjou et de Thibault Belin procureur de Baugé ». C'était en effet une sorte de transaction sur procès à laquelle le procureur du Roi de Sicile devait nécessairement intervenir, puisqu'il s'agissait d'une partie de son domaine.

(1) P 1334[4], ff. 99 v° et 101 r°.
(2) P 329, n° LIII, ancien classement.

### *Défense du domaine contre les empiétements du Roi de France.*

C'était aussi le procureur qui intervenait dans ces cas. Tel est celui de la suppression par le Roi de France du Trespas de Loire et de la Cloison d'Angers. Le premier de ces impôts était dû par tous les marchands faisant le commerce par bateaux naviguant sur la Loire ; la Cloison d'Angers se percevait spécialement au passage des Ponts de Sée, et sur toutes les marchandises arrivant à Angers par les rivières de l'Anjou. Le premier de ces impôts était affecté en général aux dépenses du Roi de Sicile ; le second l'était d'une manière spéciale à l'entretien des fortifications d'Angers. Ces deux impositions concédées depuis longues années aux ducs d'Anjou par le Roi de France furent supprimées par une ordonnance. Cette suppression donna lieu à un procès qui ne fut terminé qu'après la mort de René.

Le lieutenant du bailli de Touraine et des exemptions et ressorts d'Anjou et du Maine fut chargé de l'exécution de cette ordonnance (1). Il se transporta à Angers le 19 juin 1448 et en présence d'un grand nombre de membres du conseil, et des plus importants, requit aide pour mettre à exécution les lettres portant abolition de ces impôts. Le procureur s'opposa à cette abolition en faisant valoir les motifs très-puissants à l'appui de son opposition. Une procédure sommaire eut lieu, et après vérification, l'opposition du procureur d'Anjou fut admise pour

(1) P 329, n° LXIII, ancien classement.

partie, et l'abolition ne fut maintenue qu'en ce qui concernait la Cloison d'Angers. Le procureur appela immédiatement de cette décision et jour lui fut donné devant ceux qui tiendraient le Parlement le 15 août suivant. La procédure sommaire dont je viens de parler eut lieu contradictoirement avec le procureur et c'est lui qui avec le président des comptes communiqua et montra au commissaire du Roi de France les registres de la chambre des comptes établissant depuis quelle époque les impôts en question avaient été payés.

## § 8.

### *Droits de justice du duc d'Anjou.*

Une des sources les plus importantes des revenus du duc d'Anjou, comme d'ailleurs de tous les seigneurs ayant justice, est ce que l'on comprenait sous la désignation générale de profits de justice.

Il fallait exercer sur les empiétements et usurpations qui pouvaient se produire une surveillance de tous les instants, d'autant plus nécessaire que les usurpations en se prolongeant pouvaient faire perdre au seigneur l'obéissance de territoires plus ou moins considérables (1). Cette intervention pour faire respecter l'intégrité du droit de

(1) Le 29 octobre 1450 mandement aux lieutenant, procureur et autres officiers de justice à Saumur de veiller à ce que les habitants de Saint-Generoux et autres villages ne soient pas foulés par le seigneur de Thouars : déjà deux villages qu'ils devaient recouvrer obéissaient à Thouars par faute d'aide (P 1334[5], f° 24 r°).

justice du duc d'Anjou, le procureur pouvait l'exercer soit spontanément, soit en vertu des décisions du conseil et de la chambre des comptes qui exerçaient à cet égard une surveillance des plus attentives à l'effet de réclamer la cour, renvoi et obéissance des hommes et sujets du duc d'Anjou lorsqu'ils étaient traduits devant une autre juridiction.

### *Bailli des exemptions à Chinon.*

La juridiction des exemptions d'Anjou et du Maine dont le siège était à Chinon était l'objet d'une surveillance spéciale à raison du grand nombre des affaires concernant les sujets du Roi de Sicile dont elle était saisie. Le nombre en était devenu tellement considérable que dès 1402 le conseil avait ordonné que les procureurs d'Angers et de Saumur ou l'un d'eux pour l'absence de l'autre iraient aux assises du Roi de France à Chinon toutes les fois qu'il serait nécessaire pour retraire les causes des hommes et sujets du Roi de Sicile. Les pouvoirs les plus larges leur étaient confiés, et ils devaient en faire leur rapport à la cour, c'est-à-dire au conseil. Il leur était alloué pour ce service particulier 10 s. t. de gages par jour (1). Cette commission pouvait n'être pas suffisante, c'est ainsi que le 6 octobre 1405 le conseil ordonna que Guillaume Delacroiz irait à la prochaine assise de Chinon pour retraire les causes des sujets de Sicile aux mêmes conditions que les procureurs désignés d'une manière permanente (2).

---

(1) P 1334[4], f° 57 v°.

(2) *Eod.*, f° 79 r°. Voy. en outre, *Eod.*, ff. 59 r° et 101 v° ; P

Il paraît même qu'il y eut un procureur du Roi de Sicile à Chinon ; le conseil décide le 14 janvier 145$\frac{5}{6}$ qu'on lui écrira pour faire évoquer au Parlement de Paris une cause de guet relative aux habitants du Plessis-Macé (1).

### *Prévostés.*

Les droits de prévosté faisaient partie des droits de justice, c'étaient en général ceux qui étaient compris sous le nom de justice moyenne et justice foncière du duc d'Anjou. Le procureur exerçait sur eux sa surveillance, soit qu'il s'agît d'arrêter les usurpations, soit au contraire qu'il s'agît de restreindre la trop grande ardeur du prévost. Celui d'Angers avait voulu exercer ses droits de prévosté sur la foire de la Saint-Barthélemy de Loudun, paroisse de La Poueze, appartenant au seigneur du Plessis-Macé. Il y eut appel de sa part qui fut porté devant le conseil, en présence du procureur. Le Roi de Sicile déclara renoncer aux prétentions du prévôt et ne retint que le droit de visitation en suzeraineté, le 15 décembre 1467 (2).

### *Grands Jours de Poitou.*

Les Grands Jours de Poitou séant à Thouars avaient au mépris de ses droits connu de causes d'appel

---

1334[5], ff. 101, 113 r°. Il serait facile de multiplier les exemples de ces cas d'intervention.

(1) P 1334[5], f° 158 r°. Ce n'était probablement qu'un procureur *ad lites* comme ceux en Parlement ; Chinon était en dehors du territoire du duc d'Anjou.

(2) P 1334[8], f° 205.

portées par des sujets du Roi de Sicile contre le juge de Touraine et des sergents royaux. Des instructions à cet égard furent rédigées au mois d'octobre 1455 au conseil du Roi de Sicile dans une réunion à laquelle assistaient le juge d'Anjou, le juge du Maine, le procureur d'Anjou et autres; elles furent adressées à divers, entre autres aux procureurs et officiers de Craon et de Château-Gonthier (1). Ces procureurs etaient des officiers subalternes sans doute, mais leurs pouvoirs étaient évidemment les mêmes que ceux des procureurs qui occupaient un rang plus élevé.

### *Justices ecclésiastiques.*

Puis viennent les nombreuses entreprises de la juridiction ecclésiastique sur les justices civiles. J'ai déjà eu occasion d'en relever de nombreux exemples ; on en trouve de plus nombreux encore dans les registres de la chambre des comptes d'Angers. Je n'ajouterai ici que les suivants.

En 1411 Jean Tillon qui était sénéchal du prieur et couvent de Saint-Jean d'Angers tint les plaids de l'aumosnerie de ce chapitre dans une maison qui relevait en censive du Roi de Sicile. A la même époque il tenait l'assise du chapitre d'Angers, et en qualité de sénéchal dudit chapitre il fit venir devant lui les gens des métiers d'Angers pour leur faire jurer de faire bien et loyalement

(1) P $1334^5$, f° 148.

leurs métiers (1). Cédule fut donnée à Soybaut le 6 février $14\frac{10}{11}$ pour que ces entreprises ne restassent pas impunies ; et afin de ne pas l'oublier on écrivit en marge de cette mention sur les registres de la chambre des comptes : *caveatur quod non remaneat impugnitum.*

Un nommé Benoit qui avait voulu porter à Angers des bois pour le chapitre sans payer la coûtume à Saumur fut emprisonné par le prévôt, puis relâché. Le prévôt et son sergent sont cités devant l'official d'Angers : le conseil ordonne le 3 juillet 1450 que le procureur d'Anjou devra comparaître en l'auditoire de l'official d'Angers et fera bailler ajournement audit official et autres officiers de l'évêque d'Angers pour voir former une complainte à l'occasion des faits qui venaient de se passer (2).

Le 14 octobre 1455, le procureur d'Anjou porte plainte au conseil pour de nombreux excès commis par les moines de Chaloché ; une enquête est ordonnée, et le 29 octobre suivant des lettres du conseil pour contraindre à déposer sont faites par l'ordonnance des juge et procureur d'Anjou (3). C'est entre lui et l'abbaye de Chaloché que l'instance avait lieu ; la chambre des comptes le reconnaît deux ans après dans un des points particuliers de cette affaire en décidant que la chambre ira voir sur les lieux les bois de Touchebrune et de La Belotière avec le procureur d'Anjou et d'autres officiers (4).

---

(1) P $1334^{4}$, f° 117 r°.
(2) P $1334^{5}$, f° 11.
(3) P $1334^{5}$, ff. 146, 151 r°.
(4) P $1334^{6}$, f° 194 r°.

*Jugements sur les usurpations des droits de justice.*

Les demandes relatives au maintien des droits de justice pouvaient être soumises d'une manière générale au juge qui devait en connaître. Une sentence de Gilles de la Réauté du 18 décembre 1439, en la présence et du consentement du procureur de la Cour, maintient le prieur de Champigny dans l'exercice de ses droits de justice à Champigny (1).

Mais le plus souvent la discussion portait spécialement sur un droit déterminé de justice.

Une des marques les plus importantes était le gibet que les seigneurs justiciers avaient droit d'élever sur leurs justices, et qui variait suivant la nature de la justice qu'ils prétendaient avoir. Des poursuites eurent lieu au commencement du XVe siècle à la requête du procureur de Baugé contre plusieurs seigneurs, entre autres ceux du Lude, de Durestal et de Mathefelon qui prétendaient pouvoir relever des fourches patibulaires à quatre piliers; des sentences rendues aux assises de Baugé en 1415, 1419, 1420 et 1421 rejetèrent les prétentions des seigneurs (2).

Il en était de même de la levée des cadavres qui appartenait au seigneur ayant moyenne justice; en 1445 Gilles de la Réauté appointe un procès entre l'évêque d'Angers et le procureur du Roi de Sicile à propos d'un

(1) P 338, n° XIX. Il s'agit des droits de justice d'un vassal; mais la forme de la demande aurait été la même s'il s'était agi des droits du seigneur.

(2) Choppin, *in cons. Andeg.*, t. 1, p. 345, Ed. 1581.

fait semblable qui avait eu lieu sur le fief de l'évêque (1).

Le conseil statuait aussi sur ces difficultés, soit sur les explications qui avaient lieu devant lui, soit après des informations qu'il faisait faire.

Les procureurs d'Angers et de Saumur se plaignent d'exploits de justice faits par un officier et un appariteur de l'évêque. Les faits exposés de part et d'autre devant le conseil, ils consentent que le tout soit nul et non avenu sans que lesdits exploits puissent attribuer à chacun un droit de préférence (2).

## § 9.

*Revenus du duc d'Anjou. — Surveillance du procureur.*

Les pouvoirs du procureur d'Anjou quant à la surveillance de tout ce qui a rapport à la perception des revenus du duc d'Anjou sont pour la plus grande partie énumérés dans une mission donnée le 17 août 1400 par le conseil pour faire une information sur les revenus du comté du Maine (3). Les comptes du receveur paraissent avoir été dans un bien grand désordre; une commission fut nommée par le conseil le 17 août 1400, elle se composait de l'archidiacre de Chasteau-du-Loir, du juge ordinaire et d'Olivier Tillon, avocat fiscal; elle fut chargée de faire information sur le contenu des comptes du

(1) Dom Housseau, t. XIII, 1, n° 9279, extr. des Archives des évêques d'Angers.

(2) P 1334[5], ff. 45, 46 v° et 47. La réponse du conseil à l'évêque fut faite par l'intermédiaire de Jean Breslay.

(3) P 1334[4], f° 49 r°.

Maine et de Chasteau-du-Loir, et elle était déjà probablement installée au Mans lorsque Soybaut, procureur à Angers, lui porta ces comptes ainsi qu'il en avait été chargé par les gens des comptes.

Aux termes de ces instructions, le procureur du Maine devait être chargé par les commissaires de s'enquérir :

Quelles ventes d'acquisitions ont été faites en son temps ;

Quels rachats sont échûs ;

Quelles terres ont été levées par défaute d'homme ;

Quelles forfaitures ou épaves ont pu être acquises ;

Si les prévostés et autres fermes ont été bien et duement baillées sans corruption ;

Il faut ajouter les baux d'immeubles du domaine immobilier, et l'adjudication des produits à percevoir, soit tous les ans, soit à intervalles plus éloignés, tels que l'herbe des pâturages ou les coupes de bois ;

Le procureur pouvait même être quelquefois considéré comme un agent intermédiaire de recettes, puisque dans un registre de comptes on trouve deux mentions de versements faits par lui à la trésorerie pour le compte d'un receveur ordinaire d'un domaine du duc d'Anjou (1).

Quant aux dépenses, la recherche et l'information rentraient plus directement dans les pouvoirs de la commission qui ne paraît pas avoir été limitée dans ses moyens d'information.

*Aides et tailles.*

Voici quelques exemples qui pourront bien faire comprendre la nature et l'étendue de l'action du procureur

---

(1).... « de Pierre Macé receveur de Thalemont par Me Estienne Torchart »... Comptes de la Trésorerie, KK 242, f° 61 r°.

d'Anjou dans cette partie des revenus du duc d'Anjou.

Le 17 février $139\frac{8}{9}$ un mandement est adressé pour lever des aides pour l'allée et voyage du prince de Tarente à Naples pardevers le Roi Louis ; ce mandement est adressé entre autres à Jean Landry à Baugé, au substitut du procureur de Saumur, au procureur du Maine, et à ceux de Chasteau du-Loir, Mayenne-la-Juhés et Sablé (1) qui étaient des juridictions inférieures, mais dans lesquelles les fonctions de procureur étaient semblables ainsi qu'il résulte de ce mandement même.

Une autre aide ordonnée antérieurement par le Roi de France avait été assise et imposée par les élûs de la ville d'Angers qui étaient à la nomination du Roi de Sicile. Le 20 juillet 1412 le procureur de Saumur donne reçu des lettres closes de messieurs du conseil et des comptes à Angers et un mandement des généraux conseillers à Paris sur le fait des aides (2).

Plus tard, le duc d'Alençon réclame contre des excès et entreprises dont sont accusés les élûs et les receveurs des aides en la vicomté de Beaumont. La réponse sur ce point est arrêtée en conseil, le Roi de Sicile présent, et communication en est donnée par le procureur d'Anjou (3).

## *Profits de fiefs.*

En cas de refus ou retard du payement des rachats et ventes, c'est principalement le procureur qui était chargé des poursuites contre les débiteurs.

(1) P 1334[4], f° 25 r°.
(2) P 1334[4], f° 115 *bis*.
(3) P 1334[5], f° 38.

C'est ainsi que le 24 mars 140$\frac{3}{4}$ Jamet Ridouet procureur de Baugé a été avisé que le rachat de la terre et appartenances du Gout se lèvera par le receveur d'Anjou jusqu'à concurrence de 100 sols (1).

Le 4 octobre 1458, la chambre des comptes écrit aux officiers de Baugé, lieutenant, procureur et receveur pour les avertir que la dame de Durestal s'est mariée il y a quinze jours ; elle leur commande de faire les diligences nécessaires pour lever les droits auxquels ce mariage donne lieu, et entre autres pour faire la pêche du grand étang de Durestal (2).

### *Droits d'aubenage.*

La chambre ordonne avec le procureur de la cour la saisie des héritages d'un nommé Odiau appartenant au Roi de Sicile par aubenage ; ordre spécial est donné à Lefèvre procureur à Beaufort de saisir ceux qui sont situés en la comté de Beaufort. Il devait être rendu compte à la chambre de la suite donnée à cette affaire, et notamment elle enjoint de lui envoyer relation des criées et subhastations, etc.... (3).

### *Ventes et rachats.*

L'action du procureur en ce cas s'étendait aux pays hors de l'Anjou qui relevaient de la chambre des comptes ; c'est ainsi qu'en octobre 1452 la chambre des

---

(1) P 1334[4], f° 69 v°.
(2) P 1334[7], f° 10 v°.
(3) P 1334[6], ff. 25 et 26.

comptes, au sujet de terres en Mirebalais qui avaient été saisies pour ventes non payées, charge les lieutenants, avocat fiscal et procureur à Saumur de donner à cette affaire la suite convenable (1).

Il arrivait quelquefois que le Roi de Sicile faisait expressément remise du rachat et des ventes, quelquefois aussi il ordonnait purement et simplement la remise des choses qui avaient été saisies ; dans ces cas avis en était donné à tous ceux qui étaient chargés du recouvrement des droits du seigneur, entre autres aux procureurs.

Le 7 janvier 145$\frac{3}{4}$ le Roi de Sicile fait remise au cardinal d'Estouteville du rachat du prieuré du Cunault ; le 28 septembre 1450 il avait donné ordre de faire délivrance de la temporalité de ce prieuré ; avis en fut donné à tous ceux qui devaient en faire la recette, et entre autres au procureur de Saumur (2).

Vers cette époque ce même procureur avait fait saisir le temporel du prieuré de Meron dépendant de Saint-Aubin ; le conseil lui ordonne le 13 juin 1455 d'en faire délivrance, mais comme il y avait eu des poursuites commencées pour différents faits, et que plainte avait été portée contre lui, le conseil bailla au procureur par articles les charges qui lui avaient été imposées auxquelles il répondra et se justifiera par enquête qui devait être rapportée par devers le Roi de Sicile en son conseil ; et provisoirement les officiers de Saumur devaient laisser le prieur jouir du temporel de sondit prieuré (3).

---

(1) P 1334[5], f° 125 v°.
(2) P 1334[5], f° 78 v° ; P 1334[5], f° 21 r°.
(3) P 1334[5], ff. 129 v° et 130 r°.

### *Adjudications des fermes.*

Les revenus produits par le domaine du duc d'Anjou, impôts, péages, etc., étaient pour la plupart perçus par l'intermédiaire de fermiers qui s'en rendaient adjudicataires. Ces adjudications étaient le plus souvent prononcées par la chambre des comptes (1) ou en vertu de ses délégations, et dans un grand nombre de circonstances intervenait le procureur d'Anjou ou celui dans la juridiction duquel se trouvaient les biens dont la ferme était mise en adjudication (2).

Je n'entrerai pas dans un examen plus détaillé de ces diverses adjudications. Je ne ferai que constater la présence dans un certain nombre de cas du procureur d'Anjou ou des autres procureurs; je citerai notamment:

Adjudication du poids des Halles d'Angers le 25 mai 1468 (3).

Adjudication de la ferme du Trespas de Loire le 5 novembre 1457 (4).

---

(1) T. I, p. 579.

(2) 24 août 1451, adjudication des levages de la chastellenie de Mirebeau, en présence entre autres du procureur de Mirebeau (P 1334[5], f° 76) ; 7 septembre 1457, adjudication de pesson et herbage en plusieurs forêts ; 6 mars $145\frac{7}{8}$, coupes de bois de la baronnie de Craon; 23 avril 1457 après Pasques, herbages de la forêt de Bellepoule (P 1334[6], ff. 194 v°, 231 v° ; f° 157 r°) ; ces adjudications ont lieu en présence de Louis Delacroiz. La veille de l'Ascension 1467 adjudication de l'herbe des prés-le-comte en présence du lieutenant et du procureur de Saumur (P 1334[8], f° 180 r°).

(3) P 1334[8], f° 215 v°.

(4) P 1334[6], f° 194 v° et suiv.

C'était un des principaux revenus du Roi de Sicile et dont la perception était l'objet de compétitions intéressées. Bien des fois, malgré les réclamations des gens des comptes, le Roi René l'avait donnée en dehors des adjudications régulièrement prononcées et qui devaient être renouvelées tous les trois ans. A cause de cette importance le procureur et le juge d'Anjou devaient être avertis des incidents qui se produisaient au cours des adjudications, et la preuve me paraît en résulter de cette mention que je trouve le 14 octobre 1453 (1) d'une notification faite par Guillaume Rayneau clerc des comptes et secrétaire du conseil au juge et au procureur d'Anjou que Nicolle Muret adjudicataire du Trespas de Loire pour un an à partir du premier novembre 1453 pour 5000 livres lui en avait remis son denier à Dieu.

Les adjudications qui avaient lieu dans les autres ressorts étaient faites le plus habituellement devant des magistrats de ces ressorts parmi lesquels se trouve le procureur ou celui qui le remplace ; il en est ainsi surtout lorsqu'il s'agit de la ferme des revenus qui se rattachent le plus directement à l'administration de la justice, tels sont le tabellionnage, les greffes, le merc ou visa des registres des assises (2).

Il pouvait arriver aussi que le procureur d'un ressort

(1) P $1334^5$, f° 162 r°.

(2) Saumur : Tabellionnage et greffes, 4 novembre 1452, P $1334^5$, f° 130 r° ; 30 octobre et 29 novembre 1455, P $1334^6$, f° 78 r° ; 31 octobre 1464, P $1334^8$, f° 78 v° ; 31 octobre 1467, *Eod.*, f° 190 r°. Baugé : Tabellionnage, 19 mai 1460, P $1334^7$, f° 111 r° ; Merc des registres, 18 septembre 1458, *Eod.*, f° 6 v° ; 29 octobre 1464, P $1334^8$, f° 78 r° ; Prévosté de Baugé, 30 mai 1457, P $1334^6$, ff. 168 et suiv.

fût chargé d'intervenir dans des actes qui concernaient les pays comme Loudun et Mirebeau, qui en matière judiciaire ne relevaient que des Grands Jours d'Anjou, mais qui sous le rapport de l'administration financière relevaient des gens des comptes à Angers. C'est par suite d'une semblable attribution que la veille de Saint-Laurent 1454 le procureur de Saumur (1) est présent avec les sénéchal et officiers de Mirebeau à la remise des papiers des fermes muables de Mirebeau.

Le procureur pouvait être aussi chargé de recevoir les cautions des adjudicataires lorsqu'ils devaient en fournir. Le merc des registres des assises du Maine fut adjugé le 16 mai 1402 moyennant 2150 livres (2); la délibération du conseil qui prononce cette adjudication ajoute : « et en doivent prendre caution ou Mans les lieutenant, procureur et receveur illec qui en sont chargés ». C'est du procureur au Mans qu'il est ici question ; il en devait être de même dans les autres ressorts.

### *Contentieux.*

Le contentieux des adjudications d'impôts paraît avoir appartenu à la chambre des comptes, et la procédure était faite contradictoirement avec le procureur d'Anjou. La ferme de la prévosté d'Angers avait été adjugée à un nommé Berruel pour la somme de 3750 écus ; après cette enchère Grineau mit une simple enchère de 125 écus. Cette enchère qui était qualifiée de folle enchère (3) em-

---

(1) P 1334[6], f° 23 r°. V. ci-dessus Ventes et Rachats, p. 95.
(2) P 1334[4], f° 56 v°.
(3) Le montant d'une enchère à mettre était ordinairement

portait adjudication au profit de Grineau moyennant 3875 écus ; Grineau gagea sa folle enchère de 125 écus au trésorier de la Reine de Sicile, c'est-à-dire lui donna des garanties pour en assurer le payement, puis ils se présentèrent devant la chambre des comptes où Berruel promit, sous la peine de 2000 livres d'amende, d'obéir à droit à ce que le procureur de la cour et Grineau demanderaient contre lui. Tous deux comparaissant, ils donnèrent à la chambre leurs explications de part et d'autre. Il y avait eu des conventions entre eux, l'original de ces conventions resta à la cour à la requête du procureur à ce présent et copie en fut donnée à chacune des parties. Puis, comme il en résultait qu'il y avait entre les deux parties société pour l'exploitation de la prévosté pendant les trois ans que le bail devait durer, la chambre des comptes les condamna tous deux à la requête du procureur de la cour à « bien et duement exercer et gouverner les faits de ladite prévosté ».

## § 10.

### *Recouvrement des créances du duc d'Anjou. — Transactions.*

Tout ce qui était relatif au recouvrement des créances du duc d'Anjou et au maintien de ses droits contre ses débiteurs rentrait dans les attributions du procureur. C'est pour cela qu'il lui était donné avis, ainsi qu'à tous

---

fixé dans l'annonce de l'adjudication ; on disait alors : « l'enchère est de.... » La folle enchère était celle d'une somme arbitrée par l'enchérisseur et différente en plus ou en moins de l'enchère annoncée.

ceux qui pouvaient avoir à faire ses recouvrements, de toutes les surséances accordées soit par le Roi de Sicile, soit par le conseil, soit par la chambre des comptes (1). Voici quelques exemples extraits des registres de la chambre des comptes :

Au commencement de 1405 *(n. s.)* Soybaut procureur et Guillaume Ferregeau fermier de la coûtume et acquit des boîtes des Ponts-de-Sée font un procès pour le recouvrement de la coûtume des marchandises passant par la rivière de Louet (2).

Quelques années plus tard une cause entre le procureur du Roi et des marchands d'Angers pour la coûtume de Chalumeau et de La Fousserye est renvoyée par le conseil devant l'assise d'Angers (3).

Le 10 octobre 1452 les gens des comptes mandent à Alardeau récemment nommé receveur d'Anjou de se faire payer des restes dûs par Person Muguet son prédécesseur ; il est dit qu'en cette affaire ledit receveur s'aidera du procureur dudit seigneur pour faire les poursuites en justice à la requête dudit receveur, et telles qu'il appartient selon le cas *et comme pour les propres dettes du seigneur* (4). L'intervention du procureur est donc le droit commun en pareille matière ainsi que le reconnaissent formellement les gens des comptes.

C'est encore par une application de ce principe que le procureur donne les 25 et 27 octobre 1468 mandement

---

(1) Avis de la surséance du 3 avril 14$\frac{59}{60}$ accordée à Guillaume Grignon, débiteur envers le Roi de Sicile ; P 1334[7].

(2) P 1334[4], f° 75 v°.

(3) 16 juin et 18 septembre 1410 ; P 1334[4], f° 109 v°.

(4) P 1334[5], f° 126 r°.

à l'huissier des comptes de contraindre les héritiers de Nicole Muret et de feu Guillaume Delaplanche à payer ce qui est dû au Roi de Sicile pour le reliquat de leurs comptes (1).

Les poursuites en recouvrement ne comprenaient pas seulement l'action devant les juges compétents, elles comprenaient aussi toutes les autres voies d'exécution telles que les saisies ; mais avant que ces poursuites fussent commencées, le procureur donnait son opinion à la chambre des comptes sur les saisies à faire, par exemple en cas de ventes non payées (2). Il figurait aussi dans les procès auxquels elles donnaient lieu ; le 21 juillet 1408 le receveur et le procureur d'Anjou sont en procès devant la chambre des comptes contre Richomme sur une opposition à des criées et subhastations que le receveur avait fait faire à Baugé pour dettes envers le Roi de Sicile (3).

Nous verrons plus loin dans le chapitre *des frais de justice* comment était fixé le chiffre des amendes. Tantôt ce sont des dommages et intérêts prononcés au profit de l'une des parties. Le plus souvent, quelle que soit la juridiction qui les prononce, elles le sont au profit des seigneurs auquel appartient a justice ; du duc d'Anjou comte du Maine dans les cas qui nous occupent.

Souvent l'amende était payée aussitôt qu'elle avait été taxée ou *tauxée* comme on disait alors (4).

---

(1) P $1334^8$, ff. 222, 223.

(2) Janvier $14\frac{59}{60}$; P $1334^7$, f° 96 r°.

(3) P $1334^4$, f° 91 r°. V. encore f° 66 v°, saisie à la requête du procureur d'Anjou de la terre et appartenances de Reculée sur Gilles de Quatrebarbes.

(4) $R^5$ 396, f° 9.

Les rôles des amendes étaient remis aux sergents compétents qui, en cas de non payement, exerçaient des poursuites devant la chambre des comptes. En cas de difficultés dans l'exécution, c'était au procureur qu'était confié le recouvrement de la créance.

Le procureur d'Anjou avait action pour contraindre les débiteurs de censives à payer les cens lorsque ceux qui étaient payés ne paraissaient pas en rapport avec les produits de la chose, dans les cas où il s'agissait de cens proportionnels à ces produits. C'est ainsi que le procureur du Roi de Sicile fait en 1459 en la cour de Baugé un procès au couvent du Loroux pour insuffisance des cens payés pour une maison sise à Mouliherne. Le Loroux consentit à payer une rente plus considérable, et fut mis hors de procès sans amende (1).

Ce n'était pas seulement pour le recouvrement des créances du Roi de Sicile que l'intervention du procureur avait lieu ; le 19 juillet 1412, envoi par les gens des comptes à Paynel procureur à Saumur d'un mandement des généraux fait en la chambre des comptes de Paris de faire payer par Etienne de Joy un reliquat de 1590 livres dont il est débiteur selon le contenu audit mandement (2). Le procureur d'Anjou reçoit pareille remise pour exécuter un débiteur du Roi de France et le faire payer au receveur d'Anjou (3).

---

(1) P 1334[7], f° 82 r°.
(2) Il fut aussi poursuivi pour dettes envers le Roi de Sicile ; P 1334[4], ff. 112 r° et 124 r°
(3) *Eod.*, f° 129 v°.

*Transactions.*

Le pouvoir de poursuivre appartenant au procureur d'Anjou renfermait celui de transiger.

Nous trouvons le 8 mars 1400 une transaction avec Isabelle de Germaincourt veuve de Jean Pelerin qui avait été receveur des revenus du Roi de Sicile, sur les poursuites intentées par le procureur pour le recouvrement de ce dont son mari se trouvait débiteur par suite de l'apurement de ses comptes (1).

A chaque instant on trouve des mentions d'amendes ou de droits de rachat fixés par *composition* entre le procureur d'Anjou et le débiteur.

De tout cela il résulte que quand le seigneur avait renoncé à ses droits en faisant cesser des mesures d'exécution, le procureur devait en être averti et y donner son consentement.

Des lettres patentes du comte du Maine ordonnant la main-levée d'une saisie féodale et la mise en liberté du commissaire arrêté dans la ville du Mans sont publiées à l'assise le 16 août 1465 en présence des procureur et avocat fiscal et de leur consentement, *non contredisans* (2).

§ 11.

*Surveillance des procureurs en Parlement.*

Les domaines du Roi de Sicile étaient pour lui la source de nombreux procès en Parlement, et pour les

(1) P 336, n° xv, ancien classement.

(2) R⁵ 397, f° 76 v°.

suivre il avait plusieurs procureurs qui en étaient spécialement chargés ; le procureur d'Anjou faisait d'assez fréquents voyages à Paris pour surveiller ces affaires, en rendre compte au conseil et rapporter à Angers les divers documents qui y étaient relatifs (1). Pareille mission pouvait être aussi confiée aux autres procureurs ; en 1454 Pelet procureur de Saumur est envoyé à Paris entre autres affaires pour une requête des marchands fréquentant la Loire, et pour des difficultés relatives à la cloison de Saumur. La chambre des comptes lui alloue 20 écus d'or pour employer aux affaires du Roi de Sicile pour lesquelles il était à Paris (2).

## § 12.

### *Formes de procédure que doit suivre le procureur.*

Les demandes du procureur étaient intentées et suivies dans les formes ordinaires, qu'il agît sous l'inspiration directe du duc d'Anjou, du conseil, ou de la chambre des comptes. Il ne m'a pas paru qu'il y ait eu quelque forme spéciale ou privilégiée lorsqu'il agissait pour le

---

(1) 14 décembre 1384, Torchart rend compte des résultats de son voyage (Journal de Lefèvre, f° 42 v°) ; 22 février 140$\frac{3}{4}$, Soybaut apporte des lettres patentes de la cour de Parlement relative aux accords entre le Roi de Sicile et le vicomte de Beaumont, le comte de Beaufort et le sire de l'Ile-Bouchard (P 1334[4], f° 69 v°) ; 17 février 145$\frac{4}{5}$, 15 avril 1455, lettres de Delacroiz qui rendent compte de diverses affaires (P 1334[6], ff. 48 r° et 56 v°).

(2) P 1334[5], f° 105 r° ; P 1334[6], ff. 13 r°, 62 r°.

souverain. Dans un procès entre le Roi de Sicile et les doyen et chapitre d'Angers au sujet de la juridiction sur plusieurs maisons en la ville d'Angers, le procureur engagea l'affaire en faisant plusieurs saisies, et en supprimant des étaux que les doyen et chapitre se prétendaient en droit d'avoir, puis le chapitre porta plainte en cas de saisine et de nouvelleté (1). Cette affaire subit de nombreuses prorogations et je n'en ai pas trouvé la solution, mais c'est ainsi qu'elle fut engagée.

Dans une autre affaire entre le Roi de Sicile et la collégiale de Saint-Jean-Baptiste au sujet d'un hôtel, cour et jardin ayant appartenu au comte de Beaufort, le procureur et le chapitre avaient agi par voie d'applégement et contrapplégement; l'affaire se termina par une transaction (2).

Le 14 décembre 1452 le procureur d'Anjou Louis Delacroiz intente en la chambre des comptes contre les doyen et chapitre d'Angers une action pour répondre à toutes les demandes qui seraient faites contre eux; le doyen ne fait aucune difficulté de comparaître sur l'action ainsi formée conformément au droit commun (3).

C'est contre lui également qu'étaient formées les demandes ou les poursuites intentées contre le duc d'Anjou Roi de Sicile (4).

---

(1) P 1334[5], f° 71 r°.

(2) P 335, n° xx, ancien classement.

(3) P 1334[5], f° 137 v°.

(4) A. Enquête en 1468 mentionnée dans le cartulaire de Fontevrault, t. I, p. 60; Coll. Gaignières, Bibl. nat. Lat. 5480.

B. Un arrêt du Parlement de Paris du 6 mai 1452 ayant condamné le Roi René à payer 21600 livres au comte et à la

Voici quelques autres exemples de procédures suivies par le procureur d'Anjou.

Le receveur et le procureur d'Anjou comparaissent le 21 juillet 1408 devant la chambre des comptes sur une opposition à des criées et subhastations que led. receveur avait fait faire à Baugé en poursuivant Richomme pour dettes envers le Roi de Sicile (1).

24 octobre 1468, ordre donné par le procureur d'Anjou à l'huissier des comptes d'assigner à sa requête les héritiers du maître des pavages et barrages d'Anjou pour rendre les comptes de leur auteur (2).

A la même date, commandement aux héritiers de Nicole Muret, trésorier, de payer son reliquat (3).

Lorsqu'il s'agissait de poursuivre le recouvrement des créances du duc d'Anjou on agissait en vertu de lettres de *debitis*, forme sommaire qui permettait de saisir de suite les biens du débiteur. L'usage de cette forme privilégiée était assez souvent permis par le duc d'Anjou à des particuliers.

Quand la cause venait en appel, le procureur général du Roi en Parlement prenait les fait et cause du procureur d'Anjou (4).

---

comtesse de Saint-Pol pour arrérages, le commandement de les payer et de bailler assiette pour le payement fut fait le 24 septembre 1455 par Antoine Caille, conseiller au Parlement, à Loüis Delacroiz comme procureur du Roi de Sicile (P $1334^5$, ff. 136 v° à 138).

(1) P $1334^4$, f° 91 r°.

(2-3) P $1334^8$, f° 222 r°.

(4) Sentence du conseil du Roi à Angers du 3 juin 1483 (P 329, n° CXII, ancien classement) ; sentence du 5 mars $14\frac{89}{90}$ (Dom Housseau, t. IX, n° 4105, extr. des reg. du Parlement).

Un exemple des plus remarquables se trouve dans quelques procédures qui eurent lieu à l'occasion des seines de la Mayenne (1). Les seines en question étaient domaniales et appartenaient au duc d'Anjou ; des abus s'étaient produits dans leur exploitation, et en 1414 toutes les concessions qui avaient été faites furent révoquées et les seines réunies au domaine du Roi de Sicile, ceux qui les avaient exploitées jusqu'à ce moment furent indemnisés (2).

Quelques années plus tard, en 1425 le procureur intenta devant l'assise d'Angers un procès à l'évêque d'Angers, chancelier du Roi de Sicile, comme seigneur de Rochefort, parce qu'il prétendait un droit exclusif aux pêcheries dites *les pêcheries de Gascogne*. Pour mettre fin à cette poursuite, la Reine Yoland fit concession du droit de pêcherie au chancelier pour sa vie durant (3).

Deux ans après en 1427 une poursuite semblable eut lieu à la requête du même procureur contre le prieur de l'Esvière pour avoir pêché avec des seines dans la Maine. Cette poursuite ne fut arrêtée que par une concession du droit de pêche avec seine pendant trois ans qui fut faite le 20 septembre 1427 (4).

---

(1) C'est plutôt de la Maine, après le confluent de la Mayenne et de la Sarthe.

(2) P 1334[4], f° 129 r°. V. chap. XX, § 4 *Commission ou délégation du juge ordinaire*, t. II, p. 192.

(3) P 335, n° CXXXII, ancien classement.

(4) P 336, n° XXVII, ancien classement.

*Intervention.*

Ce n'est pas seulement par voie d'action que le procureur était partie dans les procès où se trouvait engagé le Roi de Sicile. Il pouvait s'y trouver aussi engagé comme intervenant, soit qu'il s'agît d'une intervention proprement dite, soit que ce fût une véritable prise en garantie au nom du Roi de Sicile. Dans ce cas il paraît n'avoir pu agir qu'en vertu d'une décision du conseil et après un examen préliminaire de l'affaire.

C'est ainsi que le 2 décembre 1453 des lettres closes du conseil aux lieutenant et procureur à Saumur enjoignent au procureur de prendre s'il y a procès la garantie de la veuve d'un nommé Hardoin du Plessis dit Lemoine attaquée par un nommé Coaiffin pour la possession d'une maison que lui avait donnée le Roi de Sicile ; mais il s'informera avant du droit de la veuve et de celui réclamé par Coaiffin (1).

Le procureur était appelé à donner son avis sur une demande en délivrance d'un nouveau titre en remplacement d'un titre originaire qui avait été perdu (2).

L'action du procureur une fois mise en mouvement pouvait être arrêtée par le souverain dont il était le représentant. La formule généralement employée était que le souverain imposait silence à son procureur.

Cette formule, comme nous le verrons plus loin, était

(1) P 1334[3], f° 74 r°.

(2) P 1334[7], f° 146 r°. V. ci-dessus t. II, p. 216, note 5.

celle employée lorsqu'il s'agissait des lettres de rémission ou même de lettres accordées après une sentence d'absolution prononcée par l'assise. En matière civile on la rencontre très-fréquemment, et il serait facile de multiplier les exemples à l'infini. Elle était parfois peut-être nécessaire pour mieux marquer l'intention de ne pas revenir contre ce qui avait été fait, car on la trouve même dans des cas où des actes du prince portant aliénation du domaine avaient été approuvés par la chambre des comptes qui avait enregistré sans difficulté des lettres d'aliénation (1); il est probable que cette aliénation bien que n'ayant pas eu lieu dans la forme ordinaire à la suite de criées n'était pas désavantageuse au domaine.

Il en était ainsi surtout lorsqu'il s'agissait de soustraire des aliénations du domaine aux observations consciencieuses du procureur et de la chambre des comptes et que le Roi en voulait à toute force l'exécution malgré les atteintes qu'elles pouvaient porter à son domaine (2).

---

(1) Concession faite le 20 novembre 1424 par la Reine de Sicile Yolande au nom et comme lieutenant général du Roi Louis son fils d'une place vague dans la ville d'Angers, encombrée de fumiers et d'ordures, à la charge de la nettoyer et d'y construire; enregistrement le 9 février suivant par la chambre des comptes; 1er mai 1425 confirmation par le roi Louis (P 335, n° III, ancien classement).

(2) A. Le duc Louis Ier en payement de mille moutons d'or qu'il avait empruntés au chapitre de Saint-Laud, donne une croix d'or, la vicomté de Blaizon et la prévosté de Cormie en Anjou. Le sénéchal et le procureur s'opposent à l'exécution de cette dation en payement. Sur la réclamation du chapitre le duc mande de confirmer ladite donation « en deffendant et ostant à noz amez et feaulx gens de noz comptes et à tous noz autres officiers et à chacun d'eulx toute congnoissance dudit fait... » Lettres de juin 1368 (P 329, n° XXVI, ancien classement; t. I du présent ouvrage, p. 536).

Tel encore le cas d'une transaction sur procès dans laquelle le duc d'Anjou Roi de Sicile reconnaissait le droit de son adversaire ; il donnait en exécution de cette transaction mandement au juge ordinaire de casser et abolir tous procès faits sur ladite cause, imposant sur ce silence perpétuel à notre procureur, etc.... (1).

### *Mémoires sur procès.*

La procédure civile de cette époque faisait souvent usage de mémoires écrits ; les registres de la chambre des comptes nous en ont conservé d'assez nombreux exemples.

Au mois de février $\frac{1399}{1400}$ une demande contre Robert d'Anjou au nom de ses enfants mineurs est formée du commandement de la Reine de Sicile. Cette affaire revient le 29 mars suivant devant le juge d'Anjou tenant l'assise d'Angers. Le procureur d'Anjou et ses adversaires sont appointés à écrire de part et d'autre par manière de mémoires, et renvoyés à une autre assise (2).

Plus tard, dans un procès considérable entre le Roi de

---

B. En juin 1457, le Roi René confirme une concession précédente des greffes de Baugé qu'il avait faite à James Louet malgré les ordres qu'il avait donnés de procéder à l'adjudication de tous les greffes d'Anjou, et malgré une adjudication précédemment faite par la chambre des comptes en exécution de ces ordres (P 1334[6], ff. 133 r°, 175).

(1) Ce mandement qui est du 24 avril 1458 après Pasques est donné pour l'exécution d'une transaction sur un procès entre le Roi de Sicile représenté par le procureur de Saumur et l'abbaye de Saint-Florent au sujet des droits de justice sur les ponts de la Loire et de la Vienne ; le Roi reconnaissait les droits de l'abbaye (P 335, n° CXLIX, ancien classement).

(2) P 1334[4], f° 32 r°.

Sicile duc d'Anjou et le comte de Vendôme qui, entre autres choses, prétendait ne pas devoir relever en appel de l'assise de Baugé, le procureur d'Anjou fut chargé avec Guillaume Gauquelin alors secrétaire du Roi de Sicile de rédiger les articles baillés au comte de Vendôme pour avoir ses réponses (1).

Enfin le 17 juillet 1451 daus une affaire concernant un nommé Baraton, ce fut le Roi de Sicile lui-même qui ordonna qu'il fût fait des mémoires par les avocat, procureur et autres du conseil (2).

### *Enquêtes.*

Les procureurs des ressorts pouvaient être chargés de faire des enquêtes de diverses natures.

En premier lieu nous trouvons des enquêtes que nous pourrions appeler administratives, par exemple celles relatives à l'établissement de foires et marchés. Je n'ai pas trouvé d'exemples spéciaux aux procureurs d'Anjou, mais en février $144\frac{5}{6}$ le Roi de France, sur la demande de Guy de Laval seigneur de Loué et de Benais qui demandait l'autorisation d'établir une foire à Benais près Bourgueil, commit son procureur au bailliage de Touraine et des ressorts et exemptions d'Anjou et du Maine pour faire une enquête (3). Je pense qu'il devait en être de même quand c'est du Roi de Sicile que dépendait cette autorisation.

Nous avons vu (t. I, p. 518 et suiv.) que le conseil avait

(1) P 329, n$^{os}$ CXL et CXLI, ancien classement.
(2) P 1334$^5$, f° 21.
(3) Dom Housseau, t. IX n° 3935.

dans un grand nombre de circonstances le droit d'ordonner des enquêtes. C'est surtout lorsqu'il s'agit de rechercher quels sont les droits du duc d'Anjou en général pour en tirer ensuite telle conséquence qu'il appartiendra sur les droits à réclamer. Tel est le cas où du vin perdu dans la Loire par naufrage est repêché sur un fief du duc et sur celui d'un de ses vassaux ; pour établir les droits des parties, le conseil ordonne en 1398 au procureur d'Anjou de s'informer sur ce fait des droits du duc et de la dame de Sainte-Jame (1).

De même quand il s'agit de rechercher quels sont les droits du duc d'Anjou sur un territoire plus ou moins étendu, c'est le procureur que nous trouvons chargé de faire des enquêtes. En 1404 le conseil avait ordonné que Ridouet procureur à Baugé et Jean Chartreau sergent des feurres de Baugé procédassent à la réforme desdits feurres ; des papiers concernant les feurres leur furent envoyés par les gens des comptes (2) ; une enquête fut commencée en 1409 par Ridouet ; Lorens Pichoys lieutenant à Saumur en fit une autre en 1433 ; en 1459, au mois d'avril Belin, procureur à Baugé fut commis avec le receveur à Baugé, Jean de Montortier, et un notaire de cour laye pour faire une autre enquête au sujet desdits feurres ; deux de ces commissaires suffisaient pour que l'enquête fût valablement faite, mais l'un des deux devait être nécessairement le procureur. Cette commission avait été précédée d'une enquête faite par le receveur et le procureur du Roi de Sicile, et à la suite un mémoire fut

(1) P 1334[4], f° 18 bis.
(2) P 1334[4], ff. 71 v°, 72 r°, 73 r°.

adressé le 27 octobre 1459 à la chambre des comptes par Belin (1). Quelques années après, en 1465, un mandement du Roi Louis XI commet le juge des exempts par appel du duché d'Anjou, le conservateur des priviléges royaux de l'université d'Angers, et l'enquesteur de Touraine ou leurs lieutenants, appelé avec eux un notaire ou tabellion en cour laye pour faire une nouvelle enquête à ce sujet; l'original de ce mandement fut transcrit par la chambre des comptes sur ses registres, et remis à Pierre Damours procureur à Baugé pour le faire mettre à exécution ; le registre porte le reçu signé par Damours (2). Ce procès durait encore entre 1487 et 1497 entre le procureur du Roi à Baugé et le seigneur de Maillé (3).

Les cens, rentes, avenages, cornages, etc... de Baugé avaient également été l'objet d'enquêtes pour arriver à des réformes. En janvier 142$\frac{2}{3}$ le procureur qui était Belin avait été commis pour procéder à ces réformes conjointement avec Ridouet qui était devenu lieutenant à Baugé (4).

L'enquête confiée au procureur dans des termes généraux pouvait ne porter que sur une certaine série de faits; telle est celle que le procureur de Saumur le 7 avril 145$\frac{3}{4}$ est chargé de faire sur des abus de citations commis par des sergents à Bourgueil et aux environs (5).

---

(1) P 348 (4), n° XXIII, ancien classement; P 1334[7], f° 44 r°.

(2) P 1334[8], f° 113 r°.

(3) P 348 (4), n° XXIII, ancien classement.

(4) P 1334[4], f° 147 v°.

(5) C'est avec le lieutenant, le juge de la prévosté et l'enquesteur de Saumur que le procureur doit faire cette enquête « tant par vous que vos substituez ou commis » (P 1334[5], f° 95 r°).

Dans d'autres circonstances des enquêtes ordonnées par le conseil doivent être faites en la présence du procureur.

Mais cette présence est quelquefois facultative (1).

Il avait le droit d'assister à l'enquête même dans le cas où elle était faite par des magistrats de Paris (2).

Après ces enquêtes qui portaient sur un ensemble de droits contestés actuellement ou qui pouvaient l'être dans l'avenir, on trouve fréquemment des enquêtes que le procureur est chargé de faire sur des points qui vont être litigieux ou sur lesquels il y a procès déjà commencé, et il me paraît que suivant les cas cette enquête peut être ordonnée dans l'intérêt de toutes les parties (3), ou que

---

(1) A. 19 avril 1455, enquête par l'enquesteur de Saumur au sujet de malversations et excès commis sur les habitants de Meron près Montreuil-Bellay par le prieur de Meron ; elle doit être faite le procureur présent (P $1334^{5}$, f° 127 r°).

B. 5 novembre 1455, le lieutenant de Saumur est chargé de faire une enquête sur des excès commis par un nommé Foulon et exercice violent de la prévosté. Les lettres du conseil sont adressées au lieutenant... « appelé avec vous un adjoint non suspect, en la présence du procureur dudit seigneür à Saumur, auquel nous mandons estre à ce présent si bon lui semble » (P $1334^{5}$, ff. 153 et 154 ; V. t. I, p. 524, note 1, p. 525, note 1 A, p. 528, note 1 A).

(2) Jean Patin, procureur du Roi à Beaufort présent le 30 septembre 1506 à Beaufort lors de la visite de J. de Fontenay clerc et auditeur des comptes, commis par la chambre des comptes du Roi de France pour faire une enquête sur la situation du comté de Beaufort (P 335, n° IIIIxxIII, ancien classement).

(3) Le conseil ordonne le 24 avril 1459 d'écrire au procureur de Saumur de faire avec l'enquesteur une enquête sur une rente de 15 s. 5 d. réclamée par Saint-Maimbeuf sur la terre de Launay, et qui était contestée par le Roi de Sicile (P $1334^{7}$, f° 48 v°).

le procureur est chargé seulement de faire son enquête dans l'intérêt du domaine (1).

Et ce n'étaient pas seulement le conseil ou la chambre des comptes qui pouvaient commettre le procureur pour faire une enquête ; ce droit appartenait aussi au juge ordinaire soit dans l'Anjou, soit dans le Maine (2).

Dans les diverses circonstances où l'enquête était faite contradictoirement, le procureur du Roi de Sicile quand il était partie devait faire l'intendit, c'est-à-dire articuler les faits sur lesquels devait porter l'enquête ; c'est ce qui eut lieu en décembre 1458 dans un procès entre le Roi de Sicile et le seigneur du Plessis-Macé au sujet des droits de visitation sur les marchandises à la foire de Saint-Barthélemy à La Poueze (3).

---

(1) Sur une demande formée par les doyen et chapitre d'Angers au sujet de droits de parnage dans la forêt de Monnois, la chambre des comptes décide le 3 novembre 1452 qu'ils informeront à la cour de leurs droits et libertés, et le procureur de la cour à monstrer du contraire (P $1334^5$, f° 130 r°).

(2) A. 29 décembre 1461, sentence de Jean Fournier, juge ordinaire du Maine, qui maintient le seigneur de Boullaire dans le droit d'avoir justice patibulaire à trois piliers... « laquelle enqueste eussons commisse faire à maistre Franczois Lechat procureur dudit seigneur et Jehan Francboucher advocat en court laye par vertu des lectres de la chancellerie de mond. seigneur... » ($R^5$ 397, f° 131 r°).

B. Procès pendant ès assises de Baugé entre le prieur de la Roche-au-Moine et les procureurs de Baugé et de Beaufort en demande d'obéissance de fief ; le 3 juin 1480 la chambre des comptes alloue 60 s. t. à Binel procureur général du Roi de Sicile pour l'enquête et examen de témoins par lui fait du commandement de messire Binel, juge ordinaire d'Anjou ; et 20 s. t. à Lefèvre, procureur de Beaufort pour les mises et dépenses par lui faites à l'examen des témoins produits et examen de ladite enquête (P $1334^{10}$, f° 237 v°).

(3) P 329, n° LXII.

Un délai devait être en général fixé pour la confection de ces enquêtes. Celle relative à la rente de Saint-Maimbeuf ordonnée le 25 avril 1459 devait être faite avant la Saint-Jean, sous peine de radiation des gages du procureur et de l'enquesteur.

Les enquêtes pouvaient aussi être faites sur l'ordre du conseil par celui qui remplissait au conseil les fonctions de maître des requêtes. Sur des plaintes portées en 1455 par le prieur de Meron contre le procureur de Saumur à raison de ses entreprises sur les droits dudit prieuré et de l'abbaye de Saint-Aubin, le conseil ordonne le 13 juin 1455 qu'il sera fait une enquête par trois personnes désignées, entre autres Guillaume Prevost qui était maître des requêtes. Deux des enquesteurs pouvaient procéder seuls, mais l'un d'eux était nécessairement ce Guillaume Prevost. L'enquête devait être achevée pour le 15 août (1).

## § 13.

### *Poursuites criminelles. — Abolition.*

Les lois et les écrits des jurisconsultes ne font le plus souvent que constater, en les régularisant et en leur donnant la force attachée aux actes du pouvoir souverain, des usages beaucoup plus anciens dont souvent il est difficile de trouver les premières traces, et des institutions avec lesquelles on est tellement familiarisé qu'il semble à la fin difficile que les choses aient jamais pu être autrement. Telle est chez nous l'institution du ma-

(1) P 1334[5], ff. 129 v° et 130 r°.

gistrat qui sous divers noms a depuis quatre siècles environ représenté ce qu'on appelle l'action publique, et que nos lois ont spécialement chargé de la poursuite des faits constituant des infractions à la loi pénale.

Il n'en a pas toujours été ainsi. Il est bien vrai que tout à fait à la fin du XIVe siècle et au commencement du XVe nous trouvons des poursuites pour faits délictueux exercées par le procureur du Roi de Sicile (1). Sans remonter plus haut que le XVe siècle, époque du plein développement du droit et de la jurisprudence proclamés par les anciennes coûtumes de l'Anjou et du Maine, il est certain que si la partie lésée, au lieu de se porter accusateur et de faire une information comme c'est son droit reconnu, fait à la justice une plainte ou dénonciation, ou si la justice procède en vertu de son droit propre, *ex officio*, c'est toujours à la justice en général, au juge qu'appartient la poursuite des faits criminels, c'est toujours la justice et le juge qui sont indiqués comme agissant et comme faisant tous les actes d'une information criminelle.

Tantôt, et je crois que dans les cas graves c'est ce qui se passe le plus ordinairement, le représentant le plus

---

(1) Je renvoie à deux cas de poursuites que j'ai indiqués dans le t. I de cette seconde partie.

Saulin, receveur du chapitre de Saint-Laud d'Angers, est arrêté le 1er août 1399 pour avoir chassé dans une garenne appartenant audit chapitre ; il est renvoyé devant l'assise d'Angers à un jour fixé d'accord entre lui et le procureur de la Reine (p. 529, note B).

La poursuite contre Brionne pour avoir reçu de l'argent d'un nommé Yvonet Thibaut afin de ne pas visiter son office de sergent des eaux et forêts, et qui se termine le 31 mai 1403 par une condamnation, est exercée par le procureur d'Anjou (p. 521, note 1 A).

élevé de la justice dans l'Anjou et le Maine, le conseil, ordonne les poursuites et délègue en même temps celui qui devra faire l'information (1), en ayant soin la plupart du temps de réserver que ces enquêtes seront renvoyées au conseil pour y donner telle provision qu'il appartien-

---

(1) C'est toujours la justice qui poursuit, puisque celui qui exécute les actes agit en vertu d'une délégation du conseil.

A. Le 25 octobre 1413, il ordonne aux lieutenants de Baugé, Le Mans, Chasteau-du-Loir, aux lieutenants et procureurs de Saumur, Loudun et Mirebeau, de faire information sur les maux et excès commis par de Lellebret et sa compagnie de gens d'armes au ressort de Baugé et probablement aussi dans les autres ressorts. Cinq informations faites en exécution de ces ordres furent envoyées le 29 décembre suivant au Roi de Sicile qui se trouvait à Paris (P $1334^4$, f° 127).

B. Le 19 avril 1455 il ordonne à l'enquêteur de Saumur, le procureur de Saumnr présent, de faire une enquête sur les vexations et dilapidations reprochées au prieur de Meron (t. I, p. 519, note 1).

C. Lors des poursuites exercées en 1454 (n. s.) contre des habitants de Vallée dont le chef-lieu est Beaufort, pour des faits graves de troubles et sédition, ces poursuites sont ordonnées par le conseil après que le procureur d'Anjou eut exposé que les auteurs de ces troubles s'étaient assemblés plusieurs fois en Vallée au nombre de trois à quatre cents avec armes, sonnant le tocsin et exerçant toutes sortes de violences. Le conseil donne le 8 avril $145\frac{3}{4}$ mandement pour les citer devant lui afin de répondre au procureur à telles fins et conclusions qu'il voudra prendre, etc. Des exoines avaient été présentées par plusieurs, le sergent commis devra s'informer si les exoines sont vraies (p. 522, note 1 A).

D. Après l'arrestation d'un nommé Foulon pour violences envers le clerc du prévost de Saumur dans ses fonctions, le conseil mande le 5 novembre au lieutenant de Saumur d'entendre des témoins, appelé avec lui un adjoint non suspect, en la présence du procureur à Saumur (p. 524, note 1).

E. 18 avril 1478, ordre au greffier de Baugé, appelé avec lui un adjoint, de faire une enquête sur des excès et injures dont ont souffert des habitants de Beaufort (p. 523, note C).

V. au surplus toutes les notes des pages 520 à 532.

dra. C'est toujours en principe la justice à qui on porte plainte ou qui agit spontanément en vertu de ses pouvoirs propres, *ex officio*, qui fait procéder à l'arrestation de l'inculpé, qui le poursuit et le réclame aux autres justices dans le ressort desquelles il peut s'être réfugié, qui fait une enquête, et dont les droits doivent demeurer saufs lorsque l'accusé a transigé avec sa partie (Liger, § 1277).

Telle est d'après les auteurs coûtumiers la procédure légalement en vigueur jusque dans les dernières années du XVe siècle. Liger (1) et l'auteur anonyme des additions à la coûtume en 20 parties (2) ne parlent jamais que de la justice et du juge ; ce dernier exclut tellement l'intervention d'une autre personne agissant en vertu de ses pouvoirs propres qu'il décide expressément que c'est le juge, après avoir entendu les témoins et les interrogatoires des inculpés, qui assemble les avocats et conseillers auxquels il lit les informations et confessions, et leur demande avis sur la suite à donner à la procédure, notamment s'il n'y a pas lieu d'appliquer l'inculpé à la question extraordinaire (t. IV, p. 312).

Il est évident que si le droit de poursuivre appartenait à la *justice* en général ou à la *cour* en laquelle les droits de la justice prenaient une forme tangible, lorsqu'il était nécessaire d'agir il fallait une personne unique réunissant en elle tous les droits de la justice, c'est-à-dire de la cour, pour mettre à exécution jusque dans leurs moindres détails toutes les décisions qu'elle avait prises. Puis on dut

---

(1) Livre IX, titres I à IV, §§ 1255 à 1314, Coûtumes d'Anjou et du Maine, t. II, p. 467 et suiv.

(2) Texte L, §§ 408 et suiv., *op. c.*, t. IV, p. 309 à 321.

s'apercevoir peu à peu que le droit de conclure criminellement contre l'accusé ne devait pas appartenir à celui qui allait prononcer jugement sur la poursuite. Bien qu'à la fin du xve siècle la séparation entre ces diverses attributions ne soit pas encore bien nettement marquée, c'est cependant à cette époque que nous trouvons indiquée la translation de cet *officium judicis* au procureur du Roi de Sicile ou de la cour, et voici probablement comment les choses ont dû se passer.

Nous avons vu (1) que par le mot *la cour*, il ne faut pas entendre seulement le corps constitué, la réunion de magistrats, qui d'une manière très générale est chargé d'administrer le domaine du comte et de rendre la justice. Ce mot *la cour* indique aussi l'ensemble de tous les droits constituant le domaine du prince ; on est débiteur envers la cour, c'est la cour qui réclame, c'est à la cour qu'on doit rendre compte : c'est la personne juridique du seigneur (comte, puis duc), en tant qu'ayant des droits à l'égard de ses sujets. Et chaque fois qu'il a été nécessaire de réunir sur une personne une partie des pouvoirs pour l'exécution d'actes que matériellement la cour ne pouvait exécuter par elle-même réunie en corps délibérant, c'est le procureur du comte, à partir du moment où nous trouvons son existence constatée, qui s'est trouvé tout naturellement appelé à le représenter ainsi que la cour, où déjà sa présence est regardée comme nécessaire (2) toutes les fois qu'il s'agissait des amendes

(1) Tome I du présent ouvrage, p. 393, 394, 440, 533, 534, 535.

(2) Un marchand de Bretagne dont la marchandise avait été saisie pour avoir voulu frauder les droits du Roi de Sicile, s'adresse au conseil le 19 octobre 1451, et demande à être

que pouvait amener la violation des droits du Roi de Sicile. La conséquence fut que le procureur du Roi de Sicile dont la présence était ainsi nécessaire fut aussi considéré comme celui dont la présence et l'intervention étaient le plus nécessaires, en même temps que celui qui avait la plus grande autorité pour intervenir dans les affaires criminelles.

Et les contemporains ne se sont pas trompés sur le caractère de son intervention. Pour les auteurs du style de la fin du xv$^{e}$ siècle (1) c'est surtout le procureur de la cour (§§ 211, 213, 214) ; une seule fois (219) on l'appelle *le procureur du Roy ou de la court*, et il faut remarquer que ce style a été rédigé à une époque où la réunion de l'Anjou et du Maine à la couronne de France était consommée depuis longtemps (2) ; mais ses auteurs n'ont fait que reproduire une désignation qui était depuis longtemps en usage à la chancellerie du Roi de Sicile, car le règlement sur les poids et mesures recopié en 1462 (3) mais qui doit être beaucoup plus ancien lui donne aussi le titre de procureur de la cour. C'est à lui qu'appartenait l'action pour la répression des fraudes commises ; le sergent des foires et marchés pouvait ajourner les délinquants à la cour au prochain ressort, c'est-à-dire au ressort dans lequel était compris le lieu où il avait constaté la contravention, ceux qu'il trouvait

excusé et à être remis en possession de sa marchandise... « Ce que avons différé pour l'absence du procureur général du Roi... » Le 26 octobre il se trouve au Conseil et alors intervient une transaction (P 1334$^{3}$, f° 24).

(1) Coûtumes d'Anjou et du Maine, t. IV, p. 466, 467, 469.

(2) *Eod.*, p. 376.

(3) P 1334$^{4}$, au commencement.

avoir usé de poids non marqués ; cet ajournement était donné « à respondre au procureur de la cour ».

Les poursuites criminelles se terminaient parfois par des lettres de rémission qui contenaient pardon et remise du cas ayant donné lieu aux poursuites avec toute peine, amende et offense corporelle, criminelle et civile, avec mise au néant de tous procès et information, et en outre silence perpétuel était imposé au procureur présent et à venir, et aux autres officiers en tant qu'il pouvait leur appartenir. L'avis du juge, du procureur et du conseil devait être demandé sur toutes les demandes de rémission de crimes (1). Le désintéressement de la partie lésée était pris en très-grande considération (2).

Ce désintéressement était même en quelque sorte provoqué dans certaines circonstances telles que les cas où c'étaient surtout les intérêts pécuniaires des parties qui avaient été lésés. C'est ainsi que dans les poursuites contre Chacereau (3) celui-ci dut par plusieurs fois se présenter à l'assise d'Angers où chaque fois le juge ordinaire dit publiquement de par le Roi de Sicile que si quelqu'un voulait accuser Chacereau d'aucun délit, il le dît, et qu'il lui serait fait bonne justice. Personne ne s'étant présenté, Chacereau fut envoyé de la poursuite. Sous forme de lettres patentes c'est une véritable sentence d'acquittement au profit de Chacereau qui avait présenté au conseil requête pour être envoyé et absous

(1) Journal de J. Lefèvre, f° 30 r°, Bibl. nat. Fr. n° 5015.

(2) Lettres de rémission du 29 août 1454 accordées à Macée Auber (P 1334[5], f° 14).

(3) V. t. I, p. 427, note 1 B.

au sujet des délits qui lui avaient été imputés : le Roi imposa silence à son procureur, etc...

Il faut remarquer ici encore que le procureur et le juge ordinaire, bien qu'ils aient agi dans cette affaire en vertu de leurs fonctions de magistrats, ont cependant pris part à la délibération du conseil dans laquelle furent arrêtées les lettres dont il vient d'être question.

# CHAPITRE XXXVIII

## GREFFES D'ANJOU

### § 1.

### *Greffes en général.*

Le greffe était une dépendance de la justice, et il faisait partie du domaine de celui auquel appartenait la justice. C'est ainsi que les greffes des juridictions du duc d'Anjou faisaient partie de son domaine, et que quand ce domaine fut réuni à la couronne par l'extinction de l'apanage, les juridictions du duc d'Anjou devenant juridictions royales, les greffes firent partie du domaine du Roi de France, au même titre qu'ils avaient fait précédemment partie de celui du duc d'Anjou Roi de Sicile.

Les ducs d'Anjou s'étaient conformés en cette matière, comme en beaucoup d'autres touchant l'administration de leur apanage, aux principes adoptés par le Roi de France : c'est pour cela que l'on peut s'appuyer sur les documents émanés du Parlement après l'extinction de l'apanage pour avoir une idée exacte des règles suivies en cette matière.

Nos greffiers modernes depuis longtemps doivent faire et garder minute de tous actes judiciaires. Cette obligation n'était pas imposée avec la même rigueur aux greffiers du XVe siècle : à cela près, les fonctions de ces derniers avaient une grande analogie avec celles des greffiers de nos jours. Elles sont ainsi définies dans la plaidoirie de Brinon pour Dabert et Lelou du 11 avril 1497 après Pasques : « sont les greffiers fondez de droit commun et en usaige que on garde es jurisdicions du royaume, c'est assavoir de signer les actes, sentences, jugemens et provisions, aussi de escripre les procès des crimineulx, et recevoir toutes productions tant civilles que criminelles, faire collations et touz autres actes, clorre et evangelizer les sacs » (1). En un mot, ils avaient seuls le droit de bailler instrument des choses qui étaient faites en jugement (2).

Du reste l'usage avait une grande importance lorsqu'il s'agissait de régler les droits et devoirs des greffiers soit à l'égard des magistrats, soit à l'égard des justiciables. C'est ce qui résulte de l'arrêt même du Parlement du 11 avril 1497 que je viens de citer : il s'agissait de difficultés entre les greffiers de la sénéchaussée et de la conservatorerie de l'Université d'une part, et Jean Belin

(1) Parlement, *Après-dinées,* X[IA] 8324, f° 214 v°.

(2) A la suite de procédures portées à l'assise du Mans de mars $146\frac{3}{4}$, le juge tenant l'assise commande « aux greffiers et notaires de la court de registrer led. appointement. Et lors led. Michel Perot comme advocat dud. du Marchié a requis publiquement aux assises instrument de ce qu'il avoit proposé pour led. du Marchié. A quoy luy avons respondu que nul en la court de ciens ne devoit demander ne bailler instrument s'il n'estoit greffier et notaire ordinaire de la court, et que autreffois il avait esté inhibé et deffandu ; aussi que ce voulloient les ordonnances royaulx, et que si iceluy Perot voulloit avoir nostre appoinctement par escript que le luy ferions bailler par nostred. greffier.... et ne doit nul s'il n'est greffier bailler instrument des choses qui sont faictes en jugement ».... (R[5] 397, f° 120 v° et 121 r°).

lieutenant du sénéchal à Angers d'autre part, au sujet de droits de sceau que celui-ci voulait percevoir; l'arrêt ordonne « avant que passer oultre, que le procureur du Roi aura commission pour informer *super modo utendi comodo vel incomodo*.... et defend la court aud. Belin de ne user ce pendant de la prétendue ordonnance en aucune maniere, ne exiger des subgects par lui ne par ses clercs, ne commectre autres clercs autrement que on a acoustumé par avant lad. ordonnance » (celle dont les greffiers se plaignaient).

La situation des greffiers était analogue à celle des gardes et fermiers du tabellionnage, du moins dans les cas où les greffes avaient été adjugés aux enchères et où le Roi de Sicile n'en avait pas disposé directement. Les droits que percevait le greffier pour le souverain étaient de diverses natures, et sont assez souvent désignés dans les registres de la chambre des comptes lorsqu'il est question des adjudications sous le nom de: greffe, merc et signez des registres des causes et expedicions.... greffe des assises de Beaufort et tout autre greffe extraordinaire, merc et signez.... merc des assises... greffe et merc des registres des assises (1), etc... Les lettres du Roi René qui annullent l'adjudication du greffe du lieutenant du sénéchal à Baugé parlent de « l'émolument et revenu dudit greffe tant en signet, seel que autrement » (2).

Et en effet si nous recourons aux règlements du conseil d'Angers de la fin du XVe siècle (mon t. IV, pag. 493 à 505), nous trouvons un tarif fort détaillé, quoique un peu confus, de ce qui devait être payé au greffier pour les

(1) P 1334[6], f° 133 r°; P 1334[7], f° 207 v°; P 1334[8], f° 78 v°.
(2) P 1334[6], f° 175 r°.

différents actes de la procédure dans lesquels il avait à intervenir en sa qualité, soit comme expéditions à délivrer aux parties, soit comme inscriptions sur son registre.

Le reglement du conseil soit pour l'ordinaire, soit pour l'extraordinaire, de même que les actes de la chambre des comptes, se servent des mots *merc et signet*. Les actes émanés des greffes qui sont parvenus jusqu'à nous sont signés, et lorsqu'ils ont perdu leur sceau, ce qui arrive souvent, on en reconnaît très facilement la trace; ils étaient donc signés et scellés. Mais ce que nous appelons aujourd'hui la *signature* était au xve siècle appelé le *merc*, et sous le nom de *sign* ou *signet* on désignait le sceau (1), soit le sceau en cire qui était apposé aux actes et qui pour ceux des greffes était sur queue simple en parchemin, soit le cachet de métal gravé confié au greffier pour être apposé sur les actes qu'il remettait aux parties.

Le greffier enfin avait droit de percevoir certains salaires en dehors des signatures ou de l'apposition de sceaux qu'il avait faite. Je citerai notamment la collation des pièces avec le vidimus qui en était délivré (p. 496, 504), la réception par le greffier des écritures des parties (p. 502); mais il me semble qu'il devait y avoir des droits d'écritures pris par le greffier en dehors du merc et signet qui était adjugé au profit du souverain, et on comprend que, avec le détail très considérable dès cette

(1) Dans les comptes de Legay argentier de la Reine de Sicile Jeanne on trouve une somme de 13 l. 6 s. 11 d. allouée à Jean Nicolas orfèvre du Roi de Sicile pour un *signet d'or* que led. Jean Nicolas a fait et gravé à ses armes, pesant 1 once 1/2 gros et 2 grains; pour la façon dud. signet, 2 écus valant 55 s. (Bibl. nat. Fr. nouv. acq., 894).

époque que présentait l'administration d'une greffe, l'adjudication qui laissait le fermier entièrement libre de son administration une fois son prix payé était un moyen beaucoup plus simple de perception que la tenue détaillée de registres dans lesquels les causes d'erreur étaient des plus fréquentes.

L'existence de ces droits de greffe en dehors du *merc* et du *signet* résulte bien d'une manière générale des différentes indications que je viens de rappeler. Mais la preuve complète et celle de tout ce que je viens de dire à cet égard se trouve dans les lettres du Roi René du 19 février $145\frac{6}{7}$ relatives au greffe du lieutenant du sénéchal à Angers (1). Par ces lettres le Roi, en annulant l'adjudication faite à Beaulieu pour maintenir le don qu'il avait fait précédemment à de la Vignolle, et en maintenant les droits de ce dernier pour les trois ans pour lesquels l'adjudication avait été prononcée, ordonne que toutes les expéditions, etc.... de ce greffe seront à l'avenir « signées et merchées par ledit de la Vignolle et non autres, et du signet que avons ordonné pour ce faire, qui demoura durant lesd. trois années es mains dud. de la Vignolle ; lesquelles dessusd. procedeures de justice.... seront expediées soubz nostred. signet qui sera appellé le *signet de la justice du conservatoire et lieutenantise* de nostred. senechal ».... En conséquence, défense de se servir d'un autre sceau, défense au lieutenant de prendre aucun profit ou émolument du merc et signet.

Pendant ces trois années ledit *signet* devait rester en

(1) P 1334[6], f° 148 v°.

la possession de de la Vignolle qui au bout de ce temps devait le remettre à la chambre des comptes pour être de nouveau baillé à ferme par ses soins. Mais c'était ce produit domanial qui était seul baillé à ferme, l'office de greffier demeurait à de la Vignolle pour l'exercer sa vie durant de la même manière que lui et ses prédécesseurs l'avaient fait auparavant.

Les trois années pour lesquelles les greffes étaient adjugés partaient de la Toussaints, de même que pour les adjudications d'impôts, et les adjudications en avaient lieu le plus ordinairement avant cette époque; quelquefois cependant elles avaient lieu après la Toussaints avec effet rétroactif à partir de ce jour, dans les cas assez fréquents où une première adjudication avait été suivie d'une surenchère (1).

---

(1) Un greffe, ou autre chose mise en adjudication, était mis de premier denier à la somme de... Le premier adjudicataire qui se présentait disait qu'il le prenait pour cette somme, ou une autre un peu supérieure et en gageait le denier, c'est-a-dire, consignait le montant de la somme qu'il avait dite entre les mains de celui qui recevait les enchères. On allumait alors la chandelle et pendant qu'elle brûlait les enchères étaient reçues. L'adjudication une fois prononcée n'était cependant pas définitive : on indiquait un jour pour le *tiercoyement* qui consistait à porter l'enchère à moitié en sus de la mise primitive, la somme ajoutée constituait ainsi le tiers du total, ainsi un objet mis à prix à 200 livres était porté à 300 l. par suite du *tiercoyement*. Puis il pouvait y avoir lieu au *doublement* qui consistait comme son nom l'indique à doubler la mise à prix. Le chiffre des enchères à mettre n'était pas toujours fixe, chaque prétendant à l'adjudication pouvait mettre l'enchère qu'il voulait. Si après avoir enchéri il ne voulait plus donner suite à son projet, il le pouvait, mais en abandonnant son enchère qui n'ayant plus d'objet s'appelait *folle enchère* et était acquise au Roi de Sicile Ces adjudications donnaient lieu à beaucoup de conventions particulières qui n'étaient pas

*Adjudications et aliénations.*

A une époque qui ne peut pas être plus récente que les premiers mois de l'année 1456, le Roi de France, ainsi que nous l'atteste la chambre des comptes d'Angers (1), avait fait bailler à son profit tous les greffes de son royaume et les avait réduits à son domaine sans faire aucune exception pour maintenir des concessions anciennes.

Suivant cet exemple, le Roi René avait, à une époque antérieure au mois d'août 1456, ordonné verbalement et par lettres-patentes à la chambre des comptes de bailler à ferme tous les greffes extraordinaires de son pays d'Anjou de la même manière que l'étaient tous ceux de l'ordinaire (2).

Tous les greffes tant ordinaires qu'extraordinaires avaient été l'objet de concessions assez nombreuses remontant au Roi René ou même à des époques antérieures.

Un nommé Jean Landry était en 1398 fermier du profit

toujours parfaitement honnêtes entre les parties, mais la chambre des comptes ne paraît guère s'en être occupée qu'en tant que la solvabilité des adjudicataires et les revenus du Roi de Sicile étaient parfaitement assurés.

(1) Advertissement par Guillaume Gauquelin président des comptes du 16 février 145$\frac{6}{7}$, P 1334[6], f° 145 r°; lettre de la Chambre des comptes au Roi de Sicile du 18 mars suivant, *Eod.*, f° 155 r°.

(2) Deux lettres-patentes sans date ni signatures, P 1334[6], ff. 146 r°, 147 r°; Lettres du 29 août 1456, *Eod.*, f° 116 r°; advertissement de Gauquelin, *Eod.*, f° 145 r°; Lettres des 19 mars 145 $\frac{6}{7}$, *Eod.*, ff. 148 r°, 175 r°.

du merc des registres des assises d'Anjou et du Maine, mais le tiers de ce profit appartenait à Guillaume Bequet, chevalier, en vertu d'un don à lui fait sa vie durant. Sur ce tiers Bequet payait à Landry 60 livres par an pour les gages et salaires de deux clercs pour écrire les procès et remembrances de la cour desdites assises et pour parchemin. Bequet mourut avant le 27 mars $139\frac{7}{8}$. Comme le tiers des produits dont il profitait revenait au domaine, Landry ne touchait plus les 60 livres par an pour les clercs et pour le parchemin ; il réclama auprès du conseil qui lui alloua le 8 décembre 1398 une indemnité de 80 l. pour la dépense des clercs qui font les écritures des procès et remembrances desdites assises depuis le jour de la mort de Bequet jusqu'à l'Ascension 1399, et en outre 60 l. t. par an pour le surplus du temps (1).

On sait combien peu d'ordre apportait le Roi René dans l'administration de ses finances et avec quelle facilité non-seulement il dépensait, mais encore engageait les ressources de l'avenir. On pourrait même croire, si on devait ajouter une foi entière aux déclarations consignées dans plusieurs de ses lettres-patentes relatives aux greffes d'Anjou, que ce désordre allait jusqu'à lui faire complètement oublier les engagements qu'il avait pris envers quelques personnes pour quelques-uns de ces mêmes greffes (2).

---

(1) P $1334^4$, ff. 21 et 24 v°.

(2) A... « Inadverti des dons desd. offices ainsi faits auxd. O. et J. Binel, eussons... ordonné estre mis touz lesd. greffes à nostre domaine... »; projet de lettres sans date, mais de janvier ou février $145\frac{6}{7}$ (P $1334^6$, f° 146 r°).

B... « Depuis inadverti de ce don et par certaines ordonnances par nous faites, led. office a esté baillé à ferme... »

Le plus grand nombre des concessions paraît avoir porté sur les greffes dits de l'extraordinaire, elles se trouvèrent réduites à néant par l'exécution de la mesure prise par le Roi de Sicile (1). Les manœuvres des concessionnaires, *monopoles et colusions*, comme disent les lettres patentes du 29 août 1456, avaient pu empêcher la chambre des comptes de procéder jusqu'à ce moment à l'adjudication de ces greffes. Ce fut très-probablement au moyen d'une manœuvre de ce genre que Jean de la Vignolle se fit donner, comme si c'était une mesure nouvelle, commission d'exercer *pour et de par nous* le greffe de devant le lieutenant d'Angers, en y comprenant celui de la conservatorerie des privilèges de l'Université (2). Il ne paraît pas avoir à ce moment rappelé qu'il était concessionnaire de ce greffe par lettres du 1er février 144$\frac{3}{4}$ sur lesquelles le Roi de Sicile s'est fondé

---

Greffes etc... de la comté de Beaufort donnés précédemment à de la Vignolle par lettres de la feue Reine de Sicile et de René. (*Eod.* fº 149).

C... « A la vérité quand nous feismes l'octroy desdiz greffes à notre secrétaire, nous n'avions pas memoire que en eussions ainsi disposé audit feu Olivier, et n'entendismes onques les luy bailler ainsi touz, et nous semble bien que luy devait suffire de les avoir à sa vie... » Lettres closes du Roi à la chambre des comptes pour Jean de Charnières, pour les greffes de feu Olivier Binel, 28 avril 1460. (P 1334⁷, fº 111 vº).

(1) Malgré les embarras causés par ces concessions, d'autres eurent lieu plus tard. En avril 148$\frac{0}{1}$ le Roi Louis XI concède à Théolde de Halbbic son panetier ordinaire la seigneurie de Diex-Aye et le greffe des assises et la prévosté d'Angers... exploitera Diex-Aye et le greffe par ses mains ou de ses procureurs ou commis, et les revenus de la prévosté par les mains du fermier...; l'attache est donnée sans observation par la chambre des comptes de Paris et par celle d'Angers en juillet 1481 (P 1334[11], fº 52 rº).

(2) P 1334[6], fº 116 rº.

plus tard pour le confirmer une seconde fois dans la possession de ce greffe (1).

Ce n'est pas seulement le souverain qui avait le droit de faire ces nominations directement, c'était aussi le juge ordinaire, pouvoir que Chambellan avocat du sénéchal de la Gruthuse qualifie de grand abus (2), et le sénéchal (3). Tous deux avaient ce droit si le Roi n'avait usé du sien par prévention. Dans ces cas, lorsque la nomination à un greffe avait eu lieu directement sans adjudication et sans aliénation du domaine, on disait que c'etait un *office donné en titre.*

De pareilles concessions, surtout avec les idées qui avaient cours encore à cette époque sur la puissance de la possession et sur ses conséquences quant à l'acquisition d'un droit, conduisaient facilement à de véritables aliénations du domaine, et la première et plus grave atteinte au principe de l'inaliénabilité me paraît y avoir été portée peu d'années après la mort de René et la réunion définitive de l'Anjou et du Maine à la couronne, vers 1494 ou un peu avant. Charles VIII qui préparait son expédition de Naples fit un emprunt de 160.000 écus d'or en vendant de son domaine jusqu'à concurrence de pareille somme. Au nombre des choses aliénées figurent deux greffes d'Anjou, ceux de la sénéchaussée et de la prévosté d'Angers, ainsi que nous le verrons plus loin.

Quant aux greffes du Mans, ils paraissent, au moins

(1) *Eod.*, f° 148 r°.

(2) Plaidoirie de Chambellan pour de la Gruthuse; *Après-disnées* X1A 8323, f° 639 r°.

(3) Plaidoirie du même pour de la Gruthuse, aff° avec Genault et Dabert, 22 avril 1496 apr. Pasques; *Après-disnées*, X1A 8323, f° 521.

dans les derniers temps, avoir été donnés en titre, et non baillés à ferme (1).

L'adjudication de tous ces greffes commencée par celui de Loudun en septembre 1456 fut terminée dans les premiers jours de février suivant, et le 16 de ce mois Guillaume Gauquelin président des comptes annonça au Roi que malgré les contradictions de ceux qui les exerçaient auparavant ils avaient été baillés à ferme, exercés et levés à son profit, ce qui lui valait une augmentation de 500 l. t. de revenu annuel pour le moment, qui serait certainement de 700 l. avant deux ans. Il protestait contre les manœuvres de ceux qui prétendaient recouvrer lesd. greffes.... « qui seroit à vostre très-grant dommaige et à vostre dommaine ». Le Roi répondit qu'il n'y avait encore rien de fait et qu'il ne ferait rien que la chose ne fût bien entendue (2). Mais son parti était pris et ce n'était là qu'une réponse évasive, car des lettres-patentes des 19 et 20 février prononcèrent la nullité des adjudications et maintinrent dans la possession de leurs greffes tous les réclamants (3).

Le Roi aurait bien voulu que l'expédition et vérification de la chambre des comptes fût donnée immédiatement. L'évêque d'Angers chancelier la demanda en son

(1) Arrêt du Parlement cité par Chambellan, avocat du sénéchal de la Gruthuse, dans la plaidoirie du 22 avril 1496 (*Après-disnées*, X1A 8323, f° 519 v°).

(2) L'augmentation du revenu du Roi de Sicile était l'objet des préoccupations constantes de la chambre des comptes ; le 23 octobre 1456 elle lui écrit pour l'informer qu'elle a pu augmenter de 1000 l. le produit des greffes de la prévosté d'Angers et qu'elle espère faire encore augmenter ce produit (P 1334[6], f° 119 v°).

(3) P 1334[6], f° 145 r°.

nom dès le 23 février (f° 145 v°). La chambre ne se pressait pas de statuer ; les greffiers évincés par les adjudications s'étaient remis en possession de leurs greffes ; la chambre en donnait avis le 18 mars (f° 155 v°) ; elle avertissait en même temps que les juge, avocat et procureur d'Anjou étaient d'avis que l'opposition des adjudicataires à la vérification des lettres du Roi devait être reçue. Louis Delacroiz procureur d'Anjou fit opposition à la vérification, et son opposition est consignée à la date du 21 mars sur les registres (f° 153 v°). Une autre lettre du 24 mars (f° 155 r°) confirmait une lettre précédente ; il devait suffire aux concessionnaires d'avoir repris possession de leurs greffes ; les droits du Roi étaient entiers tant qu'il n'y avait pas eu d'expédition en la chambre, et en conséquence la chambre avait sursis à la vérification, car « si une fois la chose passe jusque-là il n'y a pas de remede ». Copie de cette lettre était en même temps envoyée à l'évêque d'Angers chancelier en ajoutant que l'opinion de la chambre au sujet du retard apporté à l'expédition des lettres et à son effet était partagée *par plusieurs sages*.

Jarry avait rejoint à Roanne le Roi de Sicile qui enjoignait de nouveau à la chambre de procéder sans délai à l'entérinement des lettres relatives aux greffes (f° 157 r°). Malgré ces injonctions réitérées, ce n'est qu'en juin et juillet 1457 (ff. 175 r° et 180 r°) que les lettres relatives aux greffes de Baugé et de Beaufort furent expédiées avec quelques modifications.

Quant à celles relatives aux greffes concédés aux Binel, la transcription des lettres du Roi de Sicile (ff. 146 r° et 147 r°) ne mentionne aucune date et n'est pas signée : elle n'est suivie ni de l'attache qui devait y être donnée par la chambre des comptes, ni même des observations qu'elle ne manquait jamais de faire sur les actes, et ils étaient nombreux, paraissant constituer une aliénation perpétuelle du domaine ou un engagement à trop longue échéance. Mais on doit tenir pour certain que la décision du Roi de Sicile a été exécutée par la chambre des comptes qui se tirait fort habilement d'affaire en disant que de pareilles concessions touchaient les produits des greffes, et qu'en conséquence elle ne pouvait procéder à la vérification des lettres qu'autant que les concessionnaires auraient remis en possession les adjudicataires qu'ils avaient dessaisis (1).

C'est dans les mêmes conditions que le greffe des eaux et forêts et les autres furent rendus aux Binel.

La chambre des comptes finit sans doute par accepter les raisons d'autorité ou autres données par le Roi de Sicile. Lorsqu'il s'agit du greffe du lieutenant de Baugé donné à Louet, elle retarda tant qu'elle put l'enregistrement sans s'exposer à voir le Roi de Sicile passer outre malgré ses refus.

Puis lorsqu'il s'agit du greffe du lieutenant de Saumur dont les produits appartenaient audit lieutenant, elle pourvut d'abord provisoirement au remplacement du lieutenant qui venait de mourir, elle prit de son propre mouvement des mesures qui ne sont que l'exécution des ordres précédemment donnés par le Roi dans les circonstances semblables.

Plusieurs des adjudicataires des greffes étaient restés quelque temps en possession ; d'autres avaient pris

(1) *Eod.*, f° 155 r°.

avant l'adjudication des engagements avec des tiers; cela donna lieu à des difficultés terminées par des transactions. C'est ce qui eut lieu notamment à l'égard d'un nommé Beaulieu adjudicataire du greffe de devant le lieutenant du sénéchal et de la conservatorerie des privilèges de l'Université, ce greffe lui était resté pour 324 livres. Lorsque le Roi de Sicile annula l'adjudication, de la Vignolle lui bailla et avança 200 l. pour le droit et émolument du merc et signet qui revenait à la chambre des comptes à la fin des trois années du bail annulé ; l'office de greffier restait à de la Vignolle sa vie durant, et il y avait compte à faire entre Beaulieu et le receveur d'Anjou au sujet des 124 l. de surplus qui représentaient la valeur du greffe, Beaulieu étant d'ailleurs déchargé *de sa prise* moyennant la remise à de la Vignolle de ce qu'il avait touché pour le revenu du merc et du signet pendant tout le temps qu'il avait exercé les fonctions de greffier.

Beaulieu s'était aussi rendu adjudicataire des greffes de Beaufort. Sur la réclamation d'Antoine de la Vignolle le Roi René avait annulé cette adjudication le 20 février $145\frac{6}{7}$; le 15 juillet suivant la chambre des comptes donna son expédition avec réserve qu'à la mort de de la Vignolle le greffe serait uni et consolidé au domaine du Roi, et baillé à son profit comme il avait été affermé à Beaulieu. En présentant son substitut au serment devant la chambre des comptes, de la Vignolle s'engagea à ne pas contraindre Beaulieu à lui rendre compte et reliqua de ce qu'il aurait pu recevoir du profit de ladite ferme et office ailleurs que pardevant la chambre (1).

(1) P 1334[6], ff. 116 r°, 133 r°, 148 v°, 149 v°, 180 r°.

§ 2.

*Greffes des diverses juridictions d'Anjou.*

Voici l'énumération des greffes dont l'existence m'a été révélée par l'examen des registres de la chambre des comptes d'Angers, il n'est pas impossible qu'il y en ait d'autres.

*Mirebeau.*

Greffe des causes pendantes devant le chastelain de Mirebeau.

*Loudun.*

Greffe des assises de la ville, chastellenie et ressort de Loudun.

Greffe de la prévosté.

Greffe de devant le lieutenant de Loudun ou greffe extraordinaire des causes pendans pardavant le lieutenant de Loudun.

*Angers.*

Greffe de la sénéchaussée d'Anjou.

Greffe de l'ordinaire des assises.

Garde des remembrances du pays d'Anjou.

Greffe des eaux et forêts d'Anjou.

Greffe de la censive des pays d'Anjou, des féages de la vicomté de Sorges, du fief de Querqueu et de la chastellenie des Ponts de Sée.

Greffe des causes pendans pardavant le lieutenant du

sénéchal d'Anjou comme conservateur des privilèges royaux de l'Université d'Angers et des prisons et chartres dudit lieu d'Angers.

Greffe de devant le juge extraordinairement.

Greffe de la prévosté.

Greffe des Grands Jours.

*Saumur.*

Greffe des assises de Saumur.

Greffe des causes commises extraordinairement par le juge d'Anjou à Saumur.

Signature et seel des procédures devant le lieutenant de Saumur.

Greffe de la prévosté.

Greffe des aides.

*Baugé.*

Greffe des assises de Baugé.

Greffe des causes et expéditions du lieutenant du sénéchal à Baugé, et de la chartre dudit lieu.

*Beaufort.*

Les greffes de toutes les juridictions de Beaufort paraissent avoir été réunis en un seul sous la désignation de greffe ordinaire et extraordinaire de Beaufort.

Mirebeau et Loudun étaient sous le rapport judiciaire indépendants des juridictions d'Angers ; la justice y était rendue par des magistrats qui portaient le nom de juges ordinaires ou de sénéchaux, et dont les appels étaient portés aux Grands Jours d'Anjou.

Il y avait à Loudun une prévosté et un juge de la prévosté qui en 1456 se nommait Pierre Ronsart (1). Les greffes de ces juridictions faisaient au même titre que les autres greffes d'Anjou partie du domaine du duc d'Anjou, et comme tels dépendaient de la chambre des comptes d'Angers qui pouvait leur faire sommation d'envoyer ou apporter en la chambre tous papiers touchant le domaine du Roi de Sicile (2).

Je n'ai trouvé aucun document spécial aux greffes du Mans ; je suppose que leur organisation était semblable à celle des greffes d'Anjou.

*Mirebeau.*

Le greffe des causes pendantes devant le chastelain de Mirebeau est adjugé le 2 septembre 1456 (3) ; cette adjudication ne paraît avoir été l'occasion d'aucune difficulté.

*Loudun.*

Le greffe des assises de la ville, chastellenie et ressort de Loudun, et celui de la prévosté ne donnent lieu à aucune observation ; ils ont été régulièrement adjugés pour des périodes de trois années dans le courant du quinzième siècle (4).

---

(1) P 1334⁶, ff. 130 r°, 133 v°. Est-ce de la famille du poëte ? La ferme du tabellionnage de Saumur est adjugée le 1er novembre 1461 à Eustache Ronsart (P 1334⁷, f° 208 r°).

(2) P 1334⁶, ff. 158 v°, 180 v°.

(3) P 1334⁶, f° 132 v°.

(4) 1453, P 1334⁵, f° 165 r° ; 1456, P 1334⁶, ff. 129 v° et 130 r° ; 1er novembre 1465, P 1334⁸, f° 118 r° ; 1er novembre 1468, *Eod.*, f° 226 r°, etc.....

Le 1er novembre 1468 le greffe de la prévosté est adjugé sur la mise à prix de 81 l. séparément de la prévosté mise à prix 400 l. (1).

Ces greffes me paraissent avoir été régulièrement adjugés jusque dans le commencement du XVIe siècle. Un arrêt du Grand Conseil du 27 septembre 1525 ($V^5$ 1045) prononce au profit du fermier de la terre et seigneurie de Loudun pour la Reine Marie douairière de France, dans le douaire de laquelle était compris Loudun, une condamnation contre le fermier du greffe royal de Loudun, ses pleiges et compaignons, le fermier du greffe de la prévosté, son pleige et compaignon, et la veuve du fermier du tabellionnage, son pleige et compaignon, au paiement de diverses sommes. Il s'agissait sans doute d'un règlement de comptes avec des retardataires.

### *Greffe de devant le lieutenant de Loudun.*

La chambre des comptes était surtout préoccupée de trouver des ressources pour les besoins sans cesse renaissants du Roi de Sicile ; l'adjudication des greffes était une bonne occasion qu'elle s'empressait de saisir, et en même temps que le Roi de Sicile se plaignait de l'opposition qu'elle pouvait rencontrer dans l'accomplissement de cette tâche, elle commençait dès les premiers jours de septembre 1456 les adjudications par celle du « greffe extraordinaire des causes pendans devant le lieutenant de Loudun », ou plus simplement « greffe de devant le lieutenant de Loudun ». En exécution des ordres

(1) P $1334^8$, f° 226 r°. Il en avait été de même, sauf pour les mises à prix, en 1465, *Eod.*, f° 118 r°.

de la chambre, Rayneau se transporta à Loudun, et le 2 septembre un nommé Hellouyn se présenta, mit le greffe de premier denier à 40 l. t. pour trois ans et deux mois, bailla son denier à Rayneau et amena les deux pleges qu'il devait fournir pour garantir sa gestion ; mais le lendemain 3 septembre, avant l'accomplissement de toutes les formalités nécessaires pour que l'adjudication devînt définitive (1), le procureur d'Etienne Lefèvre beau-frère du juge ordinaire de Loudun Nicolle Chauvet, qui s'appuyait sur une concession du 19 février $144\frac{4}{5}$, se présenta et appela de Rayneau comme exécuteur, en « disant qu'il faisait tort aud. Lefevre de bailler led. greffe, et qu'il appartenait aud. Lefevre par le don que le Roy de Sicile luy en avait fait, et qu'il avait lettres dud. seigneur ».

Là-dessus Chauvet alla trouver à Launay près Angers le Roi de Sicile, et lui promit d'obtenir de Lefèvre qu'il renoncerait à son appel. Le 9 septembre Rayneau se rendit de nouveau à Loudun pour tâcher de mettre à exécution les lettres patentes obtenues en la chancellerie du Roi de Sicile pour contraindre Lefèvre à dire les causes de son appel, et pour maintenir Hellouyn en possession du greffe. Les lettres de concession n'avaient pas été présentées à la chambre des comptes à laquelle

(1) Les adjudications se faisaient à la chandelle comme aujourd'hui les criées à la barre des tribunaux, mais les chandelles avaient une durée beaucoup plus longue. Il me semble même que la durée pouvait en être prolongée en l'éteignant puis en la rallumant. Rayneau arriva le 1er septembre à Loudun et fit allumer la chandelle dans l'auditoire ; c'est le 2 que Hellouyn se présenta comme adjudicataire, et c'est le lendemain 3, *durant ladite* chandelle, que Lefèvre fit faire sa protestation et son appel.

cependant elles étaient adressées. Rayneau les avait laissées le 9 septembre à Quirit procureur de Loudun qui les remit à Chauvet. Celui-ci lorsqu'il en fut en possession *s'assit comme l'on dit tout houzé en jugement* (1), en fit faire lecture et commanda à Hellouyn de remettre à Lefèvre les papiers du greffe pour l'exercer conformément auxdites lettres. Hellouyn s'y refusa jusqu'à ce que lui et le plege qu'il avait baillé en la chambre pour sa ferme fussent déchargés de leurs obligations et jusqu'à ce qu'on lui eût restitué les deniers qu'il avait payés et avancés au Roi de Sicile, et qu'il allait se retirer devant le conseil pour attendre la décision du Roi. Chauvet s'y refusa ; Hellouyn appela de ce refus ; Chauvet le fit arrêter *et mettre en prison fermée ;* Hellouyn ajourna Chauvet et le sergent qui l'avait arrêté à comparaître en personnes en la cour de Parlement.

Hellouyn fut mis en liberté à une date antérieure au 16 mai 1457, car ce jour il se présenta devant le conseil pour réclamer son intervention. Sous l'influence du juge

---

(1) Cette expression rappelle l'historiette plus ou moins authentique de Louis XIV venant tout botté tenir un lit de justice au Parlement pour faire enregistrer un édit. Il est assez curieux de lui trouver à deux siècles en arrière un précurseur dans un minuscule juge de province et pour une affaire de bien mince importance. Mais il faut bien faire attention aux mots *comme l'on dit*, dont se sert le conseil ; les mots *tout houzé* ou *tout botté* (ce sont des synonymes) veulent dire que la séance fut en quelque sorte improvisée sans prendre aucune des mesures préliminaires que l'on prenait dans ces circonstances ; et c'est avec ces explications et avec le sens proverbial en quelque sorte de cette expression qu'on peut dire que Louis XIV tint son lit de justice *comme l'on dit* tout botté au Parlement de Paris.

d'Anjou et du président des comptes, les parties finirent par s'arranger. Hellouyn fut réintégré dans la possession de ses fonctions le 28 janvier $145\frac{7}{8}$, et la chambre des comptes après avoir visé cette reprise de possession par Hellouyn et rappelé les nombreux avis par elle donnés au sujet de la diminution que de semblables aliénations apporteraient au domaine du Roi, donna le 1er février suivant l'expédition à ses lettres, en réservant qu'après le décès de Lefèvre, le profit et revenu du greffe serait uni et consolidé au domaine du Roi ; elle sanctionnait en outre quelques autres arrangements entre les parties (1).

### *Greffe de la sénéchaussée d'Anjou.*

Il n'est pas question de ce greffe dans les documents contemporains du Roi René ; ce silence confirme ce qui est dit à une époque postérieure qu'il est de peu de valeur quoiqu'il soit de grand charge. Le 17 juillet 1481 des lettres-patentes de Louis XI nomment Jean Gaudin qui avait ce greffe trésorier d'Anjou en remplacement de Pierre Le Bouteiller ; il fut autorisé à exercer ensemble l'office de greffier et celui de receveur (2). La minime valeur de ce greffe fut cause qu'en 1483 il ne fut pas compris parmi les choses sur lesquelles fut assise une rente constituée par le Roi Louis XI au profit de la chapelle de Saint-Jean-l'Évangéliste (3).

---

(1) P 1334[6], ff. 133, 158 r°, 224 v°, 225 r° et v°, 226 r°.
(2) P 1334[11], f° 11 v°.
(3) P 1334[11], f° 163 r°.

### *Greffe de l'ordinaire des assises d'Angers.*

Les greffes de l'ordinaire des assises étaient partout depuis longtemps baillés à ferme tous les trois ans par les soins de la chambre des comptes. C'est pour cela que dans ses lettres-patentes du 29 août 1456 relatives aux greffes concédés à Jean de la Vignolle (1) le Roi René rappelle qu'il a excepté les greffes de l'ordinaire des assises de l'ordre qu'il a donné de faire adjuger à son profit tous les greffes de son pays d'Anjou. Et en effet on trouve que ces greffes ont été régulièrement adjugés tous les trois ans sans réclamations, même pendant la période des contestations soulevées au sujet de ces baux par d'anciens concessionnaires (2).

Ces greffes sont assez souvent désignés sous le nom de merc des registres des assises, mais il y a identité entre les deux désignations (3).

### *Greffes d'Olivier et Jean Binel. — Garde des remembrances.*

La concession de ce greffe aux Binel remonte à 1452. A une époque antérieure les remembrances avaient été

(1) P 1334[6], f° 116 r°.

(2) 31 octobre 1452, P 1334[5], f° 130 v°; octobre 1456, P 1334[6], f° 119 v°; octobre 1464, P 1334[8], ff. 77 et 80, etc., etc.

(3) Greffe des assises d'Angers adjugé 500 l. pour 3 ans, du 1er octobre 1458 (P 1334[6]. f° 16 r°); merc des registres des assises d'Angers adjugé 460 l. pour 3 ans de la Toussaints 1464 à Macé Guibert (P 1334[8], f° 80 r°); merc des registres des assises d'Angers adjugé à P. Breslay 450 l. pour 3 ans du 1er octobre 1470, tierçoyé à 600 l. (P 1334[9], f° 77), cautionné le 15 novembre par Macé Guibert (*Eod.*, f° 80); greffe des assises d'Angers adjugé 640 l. à P. Breslay le 30 octobre 1473, puis à un autre pour 660 l. (*Eod.*, f° 223 r°). V. ci-après, greffes des assises de Saumur et de Baugé.

unies au greffe de l'ordinaire des assises ; mais elles en étaient séparées dès l'époque de l'avènement de René, en 1434. Cet office était alors rempli par Jean Ferjon. Olivier Binel père de Jean l'avait exercé avec l'autorisation du Roi René du temps de Ferjon ; je ne vois pas qu'il en ait été titulaire, mais il est certain que par lettres du 6 juin 1452 l'office avait été donné à son fils Jean (1).

Ces importantes fonctions ne pouvaient être exercées que par quelqu'un en qui on avait une très-grande confiance parce que, disent les lettres du Roi René en faveur des Binel, « c'est la garde de touz nos droiz de la justice de nostred. païs d'Anjou, et que quant il y auroit un fermier qui voudroit s'y enrichir et user de mauvaistié, inconveniens pourraient s'ensuivre ; que comme led. office est ordonné pour la garde de nosd. droiz de justice de notre domaine et des exploiz d'icelle, etc... » (2). La procédure était une source importante de revenus pour le souverain, car les incidents donnaient lieu très-souvent à des amendes vers cour (3), c'est-à-dire au profit du seigneur devant la justice duquel on comparaissait ; dans bien des cas ces amendes étaient arbitraires, et n'étaient taxées qu'après l'assise ; chaque inscription donnait en outre ouverture à un droit au profit du seigneur (4).

---

(1. 2) Lettres-patentes de René, copie non datée ni signée, par lesquelles il maintient Jean Binel dans son office de garde des remembrances (P 1334[6], f° 147 r°). Le même motif est reproduit dans les lettres relatives au greffe des eaux et forêts etc... (*Eod.*, f° 146 r°).

(3) V. t. II du présent ouvrage, p. 130 et 131 et note 1.

(4) V. Coûtumes d'Anjou et du Maine, t. IV, p. 493 à 505. Il ne reste plus de registres des remembrances que quelques-uns relatifs à l'assise du Mans; mais on doit tenir pour certain que ceux des assises d'Anjou étaient établis de la même manière.

Il est évident que le registre destiné à recevoir toutes ces indications devait être tenu avec la plus grande régularité, et que cette tenue devait autant que possible échapper à toutes les irrégularités, intéressées ou non, de ceux qui étaient appelés à le tenir, et que le Roi René pouvait bien avoir raison en affirmant que ces fonctions n'étaient pas un greffe, que c'était un office qui ne pouvait être perdu par celui auquel il l'avait donné que s'il l'avait forfait. Et pour mieux marquer ses intentions à cet égard, les lettres que je cite et dont la transcription n'est pas complète donnent la survivance de cette garde des remembrances à Oliver Binel père de Jean, pour le cas où celui-ci mourrait avant son père, parce que ledit « a grant connoissance de nosd. remembrances ».

Olivier Binel mourut vers le commencement de 1459 ; son fils Jean ne fut pas sans difficulté mis en possession de sa survivance. Au mois de décembre 1459 le Roi avait donné tous les greffes que tenait feu Olivier Binel à Jean de Charnières son secrétaire ; mais en les donnant il avait encore oublié la donation plus ancienne faite à Olivier et à son fils Jean, ou au survivant. Lorsque les fils d'Olivier réclamèrent, il avoua naïvement qu'en disposant ainsi des greffes « n'entendismes onques les luy bailler ainsi touz, et nous semble bien que luy devoit suffire de les avoir à sa vie et de s'i estre enrichy ainsi qu'il estoit au temps de son trespas sans en vouloir faire l'eritaige de sesdiz enfans qui jamais ne nous ont fait service ». C'est la chambre des comptes qui était saisie de la difficulté entre les fils de Binel (les Binetz) et Jean de Charnières, chacune des deux parties prod uisant des lettres du Roi ; les fils de Binel prétendaient « que leur cousta de bon argent» ; le Roi ne voulait pas se prononcer et engageait la chambre à arranger les parties. En juillet 1460 la question n'était pas tranchée (1), mais elle le fut sans doute peu après au moyen d'un arrangement qui laissait le greffe des eaux et forêts à Charnières (2).

### *Greffe des eaux et forêts d'Anjou.*

A partir d'une époque qu'on peut placer entre 1417 et 1434, il n'y eut qu'un seul greffier des eaux et forêts d'Anjou (3). Le Roi Louis III frère et prédécesseur de René avait donné ce greffe à Olivier Binel avec celui de la censive et d'autres greffes, et à son avènement en 1434 René avait confirmé cette donation en y associant Jean fils d'Olivier. Ce greffe devait rester au survivant.

La chambre des comptes toujours préoccupée de l'aug-

---

(1) La chambre des comptes y mettait sans doute un peu de malice, car un avant faire droit du 28 janvier $14\frac{59}{60}$ renvoyait au Roi la copie de toutes les lettres produites par les parties « affin que sur ce il nous face savoir son bon plaisir » (P 1334[7], ff. 99 v°, 101 r°, 111 v°, 123 r°).

(2) P 1334[8], f° 225 r°. Au mois de janvier $146\frac{5}{6}$ il assiste comme greffier des eaux et forêts d'Anjou à l'assise de la forêt de Monnois à l'adjudication de trois arpents de terre sis en cette forêt.

(3) Il y avait en 1400 un greffier de la forêt de Bellepoule qui s'appelait Jean Verdier ; il est question de lui dans une procédure contre un nommé Robert d'Anjou relative à des affaires forestières poursuivies à la requête de la Reine de Sicile, c'est lui vraisemblablement qui était chargé de la suite de cette affaire qui était dans ses attributions spéciales, *à qui la cause touche*, dit le registre (P 1334[4], f° 30 r°). Il est chargé de faire les écritures avec le sénéchal des forêts d'Anjou, Jean Lepaintre. Je n'ai pas trouvé d'autres greffiers particuliers attachés à cette forêt ou à d'autres.

mentation et de la conservation des revenus du Roi de Sicile était portée aux adjudications de préférence aux concessions : en ce qui touche ce greffe, elle inscrivait sur son mémorial à la date du 20 août 1451 une note (1) pour insister auprès du Roi de Sicile afin de ne pas l'aliéner autrement que par adjudication, et pour ne pas oublier de dire à Olivier Binel le plaisir du seigneur qui est que le greffe des eaux et forêts se baille à ferme ; elle admettait cette réserve en faveur de Binel que le greffe lui demeurerait pour le dernier prix, si bon lui semblait, sa vie durant seulement. Il ne fut pas à cette époque donné suite à ce projet. Bien que ce greffe eût, plus que la garde des remembrances, le caractère d'un véritable greffe puisque ce greffier remplissait auprès du juge des eaux et forêts les mêmes fonctions que les autres greffiers, cependant comme il participait dans une assez grande mesure à l'administration du domaine forestier, on conçoit que le souverain ait tenu à confier ces fonctions à quelqu'un dont il pouvait être sûr, plutôt que de courir tous les trois ans la chance de l'adjudication (2).

*Greffe de la censive du pays d'Anjou (ou des plez), des feages de la vicomté de Sorges, du fief de Querqueu et de la chastellenie des Ponts de Sée.*

Olivier Binel et Jean Binel en étaient titulaires au même titre que du greffe des eaux et forêts, en vertu d'une concession du Roi René qui n'était pas de beau-

(1) P 1334[5], f° 75 r°.
(2) P 1334[6], f° 146 r°.

coup postérieure à son avènement. Ils se trouvaient relativement à ce greffe qui ne paraît pas avoir été bien important dans la même situation que relativement à celui des eaux et forêts.

*Greffes de Jean et Antoine de la Vignolle.*

*Greffe des causes pendans pardavant le lieutenant du sénéchal d'Anjou, — et comme conservateur des privilèges royaux de l'Université d'Angers, — et des prisons et chartres dudit lieu d'Angers.*

Le lieutenant du sénéchal connaissait des affaires criminelles (1) ; son greffier avait par conséquent dans ses attributions les actes émanant du lieutenant en matière criminelle ; il était à la fois greffier civil et greffier criminel.

J'ai déjà eu ci-dessus (t. II, p. 250) l'occasion de parler de la réclamation faite par la chambre des comptes à Jean de la Vignolle de tous les papiers, journaux et registres qu'il pouvait avoir concernant le greffe depuis qu'il était greffier, et du temps de son prédécesseur. Ceux de la chartre étaient renfermés sous deux clefs dont il n'avait qu'une, et dont l'autre restait en la possession du lieutenant. Il ne se pressait guère d'exécuter les injonctions de la chambre, car la demande était faite dès le mois d'août 1451, et c'est seulement au mois de décembre 1452 qu'il fit l'apport complet des registres demandés, qui comprenaient deux registres dont un du temps de son prédécesseur André du Rocher contenant les causes de

(1) Coûtumes d'Anjou et du Maine, textes, H, § 4, t. III, p. 78 ; M, § 5, t. IV, p. 380.

denunciemens, requestes de lettres, sentences et autres choses, et un qui était le registre courant où se trouvaient écrits les denunciements et causes privilégiées depuis mars 1442 ; 22 cahiers des expéditions des causes par le lieutenant de mars 1421 au 31 juillet 1451 ; et enfin les papiers des amendes depuis 1415 ; et cet apport fait, il affirma par serment qu'il n'avait pas d'autres papiers (1).

La chambre lui avait en outre demandé d'apporter *les remembrances* des causes de devant le lieutenant et de la chartre ; en rapprochant cette demande de l'énumération des registres apportés, on voit que de même que quand il s'est agi des greffes dont Binel était titulaire, les remembrances de cette juridiction ne faisaient pas partie du greffe, et qu'il y avait eu pour justifier quelques dispositions prises par le Roi de Sicile des raisons semblables à celles qui lui avaient fait maintenir entre les mains de Binel l'office des remembrances des assises d'Anjou.

Ce greffe comprenait celui de la juridiction du lieutenant comme *conservateur des privilèges royaux de l'Université d'Angers*. Des difficultés furent cependant faites à de la Vignolle en 1454, et il fut pendant quelque temps empêché dans sa jouissance de ce greffe (2) ; mais le conseil devant qui la difficulté fut portée le 24 septembre 1454, fut d'avis qu'on ne devait point séparer les deux greffes à moins que le lieutenant, qui n'était pas présent à cette séance, n'eût quelques raisons à faire valoir en faveur de cette division. Tel fut sans doute aussi l'avis du lieutenant, car les documents postérieurs ne mentionnent aucune séparation.

---

(1) P 1334[5], ff. 75 r° et 136 v°.
(2) P 1334[3], f° 118 r°.

Le conseil dans une séance qui eut lieu le surlendemain (1) reconnaissait au sénéchal à l'encontre du Roi de Sicile le droit de donner ce greffe, attendu, dit-il, que ledit sénéchal donne l'office de lieutenant (2). De la Vignolle tenait son greffe du Roi de Sicile, de même que celui-ci avait donné à Louet tout le profit du greffe de la lieutenance de Baugé.

Quoiqu'il en soit, il est certain que le don de ce greffe lui avait été fait par le Roi René par lettres du 1er février $144\frac{3}{4}$ en considération des bons services rendus par lui et son père (3). Il était peut-être déjà greffier en 1425 et 1430 (4), mais ce serait alors à un titre autre que celui d'une concession.

Le greffier de la conservation des privilèges de l'Université d'Angers paraît avoir eu vers la fin du xve siècle une existence séparée. Les qualités de l'arrêt du 11 avril 1497 (ci-dessus p. 126) constatent que l'appel contre le lieutenant du sénéchal était fait par Dabert... et René Lelou greffier de la conservation dud. lieu d'Angers. Brinon leur avocat commence sa plaidoirie en disant que en la ville d'Angers y a deux cours et juridictions ordinaires, c'est assavoir du sénéchal et de l'Université d'An-

---

(1) *Eod,*, f° 118 v°.

(2) Louet avait été nommé lieutenant à Baugé par le sénéchal, ce qui avait été confirmé par le Roi René (ci-dessus, t. II, p. 268 et note 1).

(3) P 1334[6], f° 148 r°.

(4) P 1334[5], f° 136 v°. Sentence de Pierre Guiot comme conservateur des privilèges etc... du 20 mai 1430 (Titres et chartes de l'abbaye de Mellinais, p. 112; Bibl. Ste-Geneviève). Dans ce dernier document le copiste a écrit *Savignolle,* c'est une erreur évidente.

gers. Je n'ai pas remarqué cette séparation aux époques antérieures.

*Le greffe des causes pendans pardavant le lieutenant du sénéchal* est un greffe extraordinaire de même nature que celui que nous avons vu ci-dessus désigné sous le nom de *greffe de devant le lieutenant à Loudun*, et que nous verrons plus loin sous la même désignation à Saumur. Chambellan l'appelle simplement greffe extraordinaire. Il résulte de tout ce qu'on a pu voir relativement aux greffes que le greffier est greffier de la juridiction, et non pas du magistrat qui la tient, sénéchal, juge ordinaire ou lieutenant du sénéchal.

Ce greffe donna lieu dans les dernières années du xve siècle à une série de difficultés (1) dans lesquelles on a beaucoup de peine à se reconnaître ; je vais tâcher d'en extraire ce qui permettra de comprendre un peu quelle était la nature des greffes d'Anjou.

Nous avons vu plus haut les difficultés auxquelles donnèrent lieu au milieu du xve siècle les tentatives d'adjudication des greffes extraordinaires d'Anjou (p. 133 et suiv.). Après la réunion définitive de l'Anjou à la couronne en 1480, le Roi ordonna que tous les greffes seraient baillés à

(1) Tout ce qui va suivre concernant ces greffes est tiré d'un arrêt du Parlement de Paris du 22 avril 1496 (*Après-disnées*, X[IA] 8323 ff. 519 et suiv.) dans un procès entre Dabert et Genault qui se prétendaient tous deux greffiers de la sénéchaussée d'Anjou, et de la Gruthuse, sénéchal d'Anjou qui était en cause. Trouillart plaidait pour Dabert, Chambellan pour le sénéchal, et Piedefer pour Genault. Il faut remarquer que c'est Dabert, quoique intimé sur l'appel d'une sentence du juge d'Anjou, qui plaide le premier ; il est vraisemblable que c'est lui qui suivait l'audience.

ferme. Cette ordonnance ne me paraît pas avoir apporté de changement immédiat à l'état de choses existant antérieurement, et que Chambellan dans sa plaidoirie pour le sénéchal résume ainsi : Il y a, dit-il, en la sénéchaussée d'Anjou deux greffes : — le greffier ordinaire qui fait la juridiction de l'assise, et se baille à ferme de toute ancienneté ; — et y a le greffier extraordinaire qui se mêle du criminel et de ce qui se fait hors l'assise, lequel greffe extraordinaire le sénéchal a accoustumé donner si le Roi ne le prévient ; c'est lui qui fait les procès criminels, et aurait occasion de prendre et exiger des povres crimineulx, et s'en pourroient ensuir des inconvéniens ; il est *collateralis et quedam porcio judicis*, par quoy c'est office de judicature, et de tout temps, *ab omni ævo*, a été conféré et donné en titre.

La question qui paraît avoir été posée lors de la réclamation de Genault est celle de savoir si la vente des greffes domaniaux pour procurer de l'argent au Roi de France comprenait avec le greffe ordinaire, pour lequel il ne pouvait pas y avoir de difficulté, le greffe extraordinaire qui était un office antérieurement donné en titre.

Le greffe de la sénéchaussée d'Anjou avait été baillé à Fallet qui avait commis sous lui Martin Valin. Arnault voulut le réclamer comme ayant une concession du feu sénéchal (1) ; sa réclamation fut repoussée, il prit alors la ferme de Fallet et le déchargea envers le Roi, le rece-

---

(1) Ce feu sénéchal est au moins le prédécesseur immédiat de de la Gruthuse installé le 16 février $148\frac{3}{4}$ (t. II, p. 285, note). La concession invoquée par Arnault est donc de 1483 au plus tard, par conséquent l'adjudication à Fallet est antérieure à 1483.

veur et ses pleiges, puis il mourut (1). Dabert prit alors le greffe où il fut installé par les commissaires qui l'avaient baillé à ferme, et à la charge d'acquitter Fallet (ou son successeur) de lad. ferme vers le Roi.

Des difficultés s'élevèrent entre Dabert et Martin qui prétendait aussi avoir des droits sur le greffe. Chacun demandait que son adversaire ne le troublât pas dans sa possession ; il n'y eut aucune décision sur le fond. C'est alors que ces difficultés étaient pendantes entre eux que le Roi contracta un emprunt de 160.000 écus d'or au moyen de la vente de parties de son domaine. Dabert acheta le greffe moyennant 200 livres payées comptant, à la charge de payer 20 livres par an, et grace de réméré de dix ans.

Les plaidoiries ne s'expliquent pas sur la question de savoir si la vente consentie par le Roi à Dabert comprenait ou non le greffe extraordinaire. Son système paraît avoir été celui-ci : l'ordonnance du Roi ordonnant la mise en vente de tous les greffes, même de ceux tenus en titre, est antérieure aux ventes du domaine de 1494 pour l'emprunt de 160.000 écus d'or. En supposant qu'à ce moment des greffes aient encore été tenus en titre, ces ventes auraient dérogé aux interdictions antérieures ; il pouvait donc se regarder comme fondé à soutenir que le greffe extraordinaire avait été compris dans l'adjudication, et que les concessions antérieures dont Genault réclamait le bénéfice avaient été annulées.

---

(1) La mort d'Arnault doit être d'août 1490 environ. Dans sa plaidoirie Trouillart fait mention de lettres obtenues de Rochefort, chancelier, deux ans après la mort d'Arnault, mais qui ne furent scellées ; Rochefort est mort le 12 août 1492 (Ducange, v° *Cancellarius*).

Genault au contraire qui disait tenir ses droits de Martin Valin (lequel suivant son adversaire n'était que le commis de Fallet), rappelait que son greffe ne fut jamais donné qu'en titre à tous ses prédécesseurs aussi loin que l'on pût remonter ; il avait obtenu provision du Roi ; mais le juge d'Anjou avait refusé de l'instituer, avait repoussé sa demande en entérinement des lettres du Roi, et il avait même fait mettre en prison un qui se disait son commis. C'est de cette sentence que Genault avait appelé ; il prétendait en outre que Dabert avait reconnu le caractère d'office au greffe qu'il avait acheté en se départant du bail à ferme qu'il disait en avoir ; que le Roi n'avait pu faire d'aliénation au préjudice des droits d'autrui, que par conséquent la prétention de Dabert devait être repoussée ; il offrait d'ailleurs de lui rembourser la somme de 200 livres ou telle autre qu'il justifierait avoir payée. Dabert repoussa cette offre de remboursement en se fondant principalement sur sa possession qu'il tenait des commissaires du Roi comme plus offrant (c'est-à-dire, qui lui avaient adjugé comme au plus offrant enchérisseur), et sur ce que depuis longtemps il avait exercé cet office.

La cour ne rendit qu'un arrêt provisoire, défendit aux parties de procéder par voie d'emprisonnement les uns contre les autres, ordonna l'élargissement des prisonniers s'il y en avait, et ordonna la communication aux gens du Roi des productions des parties.

Je n'ai pas trouvé l'arrêt définitif du Parlement. Dabert était encore l'année suivante en possession de son greffe ; il figure comme greffier de la sénéchaussée au ressort d'Angers dans un procès que, avec Lelou greffier de la conservation d'Angers, il eut à soutenir contre Jean Belin lieutenant du sénéchal au sujet de droits de greffe (1); cependant ses droits ne paraissent pas avoir été reconnus d'une manière définitive, car dans les qualités de l'arrêt il est ainsi désigné... *soy disant greffier de lad. seneschaucée...*

### *Greffe de devant le juge extraordinairement.*

Je ne connais ce greffe que par la mention faite sur le mémorial de la chambre des comptes du 20 août 1451 des choses dont la chambre des comptes devra parler au Roi de Sicile (2). Ce doit être un greffe analogue à celui des causes commises extraordinairement par le juge d'Anjou à Saumur (v. ci-après, p. 164).

### *Greffe de la prévosté.*

Le juge de la prévosté dont la compétence comprenait surtout l'expédition des petites affaires judiciaires et de celles relatives au recouvrement des droits de prévosté, voirie ou basse justice, avait aussi son greffe qui tantôt était compris dans la prévosté, tantôt en était exclu. Si le greffe n'était pas exclu expressément il était compris dans l'adjudication de la prévosté.

Le 2 novembre 1453 elle avait été adjugée 2600 l. t. pour trois ans sans y comprendre le greffe de ladite prévosté (3).

---

(1) 11 avril 1497 après Pasques ; *Après-disnées*, X1A 8324, f° 214 r°.

(2) P 1334[5], f° 75 r°.

(3) P 1334[5], f° 163.

Trois ans plus tard le 31 octobre 1456 (1) elle fut adjugée pour trois ans à Souhenne au prix de 3000 l. à exercer en la forme et manière qu'elle était exercée du temps de la feue Reine Marie et du Roi Loys père du Roi, et la juridiction, greffe et autres appartenances et dépendances d'icelle.

Quant à la juridiction, elle n'était comprise dans l'adjudication que pour la forme, ainsi que je l'ai dit ci-dessus en parlant du juge de la prévosté d'Angers.

Le juge de la prévosté d'Angers avait compétence pour connaître de toutes actions réelles et personnelles dans l'étendue de la quinte d'Angers à l'exception des gens d'Église et des nobles (2). Le lieutenant du senéchal connaissait de toutes actions personnelles au-dessous de 20 livres, et des crimes (3).

C'est sans doute en se fondant sur ces dispositions de la coûtume qu'en 1454 le fermier de la prévosté d'Angers avait adressé une réclamation au conseil, afin que les défauts des assises d'Angers devant le juge d'Anjou et devant le lieutenant d'Angers des gens qui sont de la ville et quintes d'Angers fussent rabattus sur sa ferme, parce que, disait-il, ils lui appartenaient. Sa demande fut repoussée le 24 septembre 1454 par le motif que les amendes de ces défauts ne lui appartenaient pas. Mais comme il avait rendu quelques services au Roi de Sicile, le conseil émit l'avis qu'une gratification pouvait lui être accordée (4).

---

(1) P 1334[6], f° 121 r°.
(2) V. mes Coutûmes d'Anjou et du Maine, G 3, H 5, M 6.
(3) *Eod.*, G 2, H 4, M 5; t. III, p. 5, 6, 78; t. IV, p. 380, 381.
(4) P 1334[5], f° 118 r°.

### *Enquesteur.*

Le greffe de la prévosté d'Angers était uni aux fonctions d'*enquesteur* de cette prévosté. Je n'ai pas trouvé l'origine de cette union, peut-être n'existait-elle pas antérieurement à l'époque où le greffe et les fonctions d'enquesteur furent données à Emery Louet par le Roi René un peu avant sa mort, moment qu'on peut fixer à 1479 ou 1480. Ce qui semblerait le prouver, c'est que Louet, au cours du procès qu'il eut à soutenir contre de Pincé à raison de son greffe, paraît avoir été préoccupé de la question de savoir s'il ne pourrait pas maintenir la séparation des offices de greffier et d'enquesteur ; au cours des procédures, lorsque la cour rendit un arrêt d'instruction le 31 mai 1497, il demanda que la cour en jugeant le procès eût égard « à ce que l'office de greffier de la prevosté d'Angers et l'office d'enquesteur en icelle prevosté sont deux offices ». Mais la cour n'a pas statué expressément sur cette partie des conclusions de Louet, il est certain qu'elle a statué à la fois sur les deux offices.

Lorsque Louet fut troublé dans sa possession par la vente faite à de Pincé, Chambellan son avocat exposa dans sa plaidoirie du 19 mars 1495 qu'il fut pourvu *de l'office de greffe et enquesteur* (1) etc...., et cette expression au singulier est reproduite dans le résumé des moyens des parties dans le texte même de l'arrêt du 3 août 1499... *quod dudum officium clerici et inquestoris dicte preposi- ture Andegavis... per defunctum Regem Cicilie... collatum fuerat*, et elle est reproduite dans l'exposé des

(1) *Après-disnées*, X1A 8323, f° 212 v°.

moyens de de Pincé qui dit que cet office a été compris dans la vente de partie du domaine faite pour l'emprunt du Roi Charles VIII... *inter cetera dictum officium clerici et inquestoris predicte prepositure Andegavis... vendiderant*... Enfin l'arrêt définitif, soit dans son texte français, soit dans son texte latin, ne permet pas de supposer qu'il ait été fait une séparation entre les deux offices (1).

Louet fut une première fois troublé dans sa possession par Loheac qui voulait faire attribuer son office à Lecamus. Il obtint lettres (du Roi probablement) par lesquelles était mandé que s'il apparaissait de sa possession et jouissance, Louet resterait maître de son office. Ces lettres furent exécutées par Fumée, et Louet remis en possession (2). Il y eut appel, probablement par Loheac ou Lecamus, devant les commissaires des offices qui déclarèrent, oy le procureur du Roi, l'office appartenir à Louet, à la charge de 40 livres par an.

Il est bien possible, comme il le dit, que Charles Bourrée trésorier de France, un des commissaires auxquels incombaient les soins de faire l'emprunt de 160.000 écus d'or pour le Roi de France, ait voulu profiter de la circonstance pour faire passer ce greffe à de Pincé et qu'il y réussit. Ce qui est certain c'est qu'il fut compris parmi les choses vendues pour fournir le capital de cet emprunt. On apportait en effet à sa possession qu'il pouvait croire bien assurée un trouble très-grave puisque,

(1) Plaidoirie de Chambellan du 19 mai 1495, *Après-disnées*, X^IA^ 8323, f° 212 r° ; arrêt préparatoire du 31 mai 1497, *Conseil*, X^IA^ 1503, f° 143 v° ; arrêt du 2-3 août 1499, *Conseil*, X^IA^ 1504, f° 360 r° ; *Arrêts, Jugés*, X^IA^ 133, f° 110 v°.

(2) Fumée, chancelier depuis le 12 août 1492 (mort de Rochefort) jusqu'en 1494 (Du Cange, v° *Cancellarius*).

selon lui, il aurait fallu aller jusqu'à sa destitution pour procéder ensuite à l'adjudication. Lecamus juge de la prévosté mit de Pincé en possession de l'office, et c'est de cette mise en possession, que Louet avait appelé contre Ch. Bourrée trésorier de France et se disant commissaire en cette partie, de Lecamus et de Thibaut Lemaçon procureur d'Anjou ; c'est comme juge d'appel que le Parlement a statué sur ses réclamations.

Ainsi, en laissant de côté les grandes complications au milieu desquelles il est si facile de s'égarer si on veut retracer toutes les involutions de cette procédure, il est clair qu'au fond cette affaire se présentait dans des termes assez simples. Louet concessionnaire depuis plus de quinze ans de partie du domaine royal voit cette concession révoquée puis adjugée à Pierre de Pincé. Sa concession n'avait pas été cependant entièrement gratuite puisque, de même que Dabert, ainsi que nous l'avons vu plus haut (p. 156), il faisait 40 l. tous les ans à la recette d'Anjou. De Pincé est acquéreur moyennant 400 l. qui, au taux assez ordinaire de l'intérêt à cette époque, représente à peu près le capital de la redevance due par Louet. Il n'est pas question de réméré.

S'il faut en croire de Pincé, Louet avait renoncé à son appel et au droit qu'il prétendait sur l'office ; peut-être les choses n'ont pas été aussi précises qu'il le prétend. Dans le texte français de l'arrêt du 3 août 1499 (Conseil, X^IA 1504, f° 360 r°) il est question des lettres « de relievement de certaine transaction dont au procès est faicte mencion ». Mais il est peu vraisemblable que les choses aient été aussi formelles que le prétend de Pincé, car alors Louet aurait dû être débouté purement et simplement de sa demande. Il n'en est pas ainsi ; la décision du

Parlement du 3 août 1499 trahit un certain embarras, et après avoir lu et relu l'arrêt, il me semble qu'il était impossible de donner complètement raison à l'une des des parties plutôt qu'à l'autre. L'appel de Louet est annulé sans amende ni dépens « et pour cause » *(et ex causa)*; la cour ordonne que en remboursant par ledit Louet ledit de Pincé intimé de la somme de 400 l. par lui baillée au trésorier, en l'acquit du Roi lui sera baillé la jouissance de l'office contentieux, sauf audit Louet de pouvoir poursuivre le remboursement de lad. somme de 400 l. t. où et contre qui il appartiendra. C'est une sorte d'emprunt forcé, mais qui ne paraît pas porter une atteinte trop grave à la validité des ventes antérieures du domaine. C'est un acheminement à celles qu'on verra plus tard pratiquées sur une plus grande échelle.

### *Greffe des Grands Jours.*

Ce qui s'est passé au sujet de ce greffe qui avait été compris dans l'adjudication du greffe de la lieutenance faite à Beaulieu, prouve le peu d'importance pratique de cette juridiction.

Ce greffe qui exigeait de la part du titulaire une résidence continuelle avait été adjugé à Beaulieu moyennant 30 livres, et il l'avait affermé dans l'espoir que le greffe de devant le lieutenant lui demeurerait. Voyant qu'il lui échappait, il s'adressa à la chambre des comptes qui le 6 mars le déchargea de ses engagements à cet égard, et donna le greffe des Grands Jours « à exercer, tenir et possider soubz la main de court à Estienne Hetor, praticien en court laye... lequel sera tenu de rendre bon et loyal compte du prouffit dudit greffe en ceste chambre, touteffoiz et quantes que requis en sera ».

### *Greffe des assises de Saumur.*

Le greffe et merc des assises de Saumur sont adjugés en 1461 moyennant 160 l. t. pour trois ans, et en 1464 moyennant 246 l. t. (1).

### *Greffe des causes commises extraordinairement par le juge d'Anjou à Saumur.*

Il s'agit probablement ici d'une juridiction particulière du juge ordinaire d'Anjou à Saumur et qui avait aussi son greffier, lequel était bien plus que tous les autres dans la dépendance du juge ordinaire et de la chambre des comptes. Ce greffe s'appelait aussi « le greffe extraordinaire pour le juge d'Anjou à Saumur ». Au commencement de l'année 1457 (n. s.) il y eut lieu de pourvoir à la nomination du greffier (2) ; la chambre des comptes nomma Guillaume Buschart par lettres du 19 avril $145\frac{6}{7}$ en lui donnant puissance, autorité et mandement de recevoir tous les deniers et profits dudit greffe « du proufit et emolument duquel greffe ledit Guillaume Buschart sera tenu rendre compte et reliqua au prouffit dudit seigneur en ceste chambre ». Cette nomination avait été faite sur la présentation du juge ordinaire Jean Breslay qui venait d'être installé dans ses fonctions (1). Le greffier tenant ses pouvoirs de lui, il fallait qu'ils fussent renouvelés s'il y avait changement de juge.

(1) P 1334[5], f° 130 r°; 1334[7], f° 207 v°; 1334[8], f° 78 v°; et f° 190 r°.
(2) P 1334[6], f° 156 v°.
(3) Ci-dessus, t. II, p. 100 et suiv.

C'est encore un greffe qui n'était pas compris dans les adjudications périodiques et qui était exploité directetement au profit du Roi de Sicile sous le contrôle de la chambre des comptes.

C'est probablement de ce greffe qu'il était question l'année suivante comme étant la seule ressource disponible permettant à la chambre d'envoyer un messager au Roi de Sicile. Elle lui écrivait en effet (1) le 20 mars 145$\frac{7}{8}$; « Pour le fait de Los (roi d'armes du Croissant) mons[r] de Precigny et tout le conseil à qui il en a esté parlé ne voyent lieu et place pour cette année de quoy on le sceust acheminer vers vous. Vos tresorier et receveur sont près de vous par delà, et s'il n'estoit un greffe que tient mons[r] le juge d'Anjou qui est demeuré au profit de votre domaine, on n'aurait pas eu de quoy envoyer un message au Roi »...

*Greffe de devant le lieutenant du sénéchal à Saumur.*

Pierre Chourches ou Cheurches lieutenant du sénéchal à Saumur mourut dans le courant de l'année 1457. Le Roi de Sicile duc d'Anjou lui avait donné à sa vie « le profit des signez et seel des registres, procedures et expeditions faites pardevant lui touchant sondit office de lieutenant à Saumur ». Le 14 septembre 1457 la chambre des comptes commit Bourneau enquesteur à Saumur pour exercer l'office de lieutenant jusqu'à ce qu'il en fût ordonné autrement ; en même temps elle commit Pierre Normant à recevoir les droits des signez et sceaux des registres et expéditions faites devant led. lieutenant, du profit desquels il devait rendre compte et reliqua (2).

---

(1) P 1334[6], f° 233 v°.
(2) P 1334[6], f° 206 v°.

### *Greffe de la prévosté de Saumur.*

La prévosté de Saumur avait été adjugée en 1455 à un nommé Colas André pour trois années à partir de l'Ascension. Quand il voulut se mettre en possession du greffe il rencontra l'opposition de Pierre Foucher qui était en jouissance en vertu de lettres du Roi de Sicile de douze ans antérieures, c'est-à-dire de 1443 environ, et qui avait été mis en possession par Gilles de la Réauté alors juge ordinaire : il n'avait depuis lors éprouvé aucun trouble dans la jouissance de son greffe.

La difficulté fut portée devant le conseil (1) qui fut d'avis le 13 juin 1455 (à l'exception du président des comptes) que, attendu les lettres du don fait à Foucher, il devait rester en possession du greffe ; mais que (et sur ce second point le président des comptes partagea l'avis des autres membres du conseil), on devait tenir compte de la valeur du greffe au fermier de la prévosté. L'accord fut fait dans ces termes à l'issue du conseil entre le juge ordinaire, le président des comptes et Colas André ; on lui rabattit 50 l. t. sur sa ferme pour le produit du greffe pendant trois ans, et il se montra satisfait de cet arrangement.

### *Greffe des aides à Saumur.*

Ce greffe ne m'est connu que d'une manière incidente : Guillaume Barbier qui remplissait ces fonctions en 1452 assistait le 4 novembre aux enchères du tabellionnage et des assises de Saumur (2).

(1) P $1334^5$, f° 128 v°.
(2) P $1334^5$, f° 130 r°.

### *Greffe des assises de Baugé.*

La ferme du merc des registres des assises de Baugé a été comme les autres l'objet de plusieurs adjudications dans le courant du xv$^{e}$ siècle, entre autres le 18 septembre 1458 et le 29 octobre 1464 (1). Cette dernière adjudication fut au profit de Jacquet Richomme pour trois ans, moyennant le prix de 223 l. 6 s. 8 d. Je n'ai pas trouvé que cette adjudication ait amené aucun incident.

### *Greffe, merc et signez des registres des causes et expédicions du lieutenant du sénéchal d'Anjou à Baugé, et le greffe ou registre de la chartre dud. lieu.*

Tel est le titre exact et complet de la concession qui avait été faite à James Louet à peu près à l'époque où il fut nommé lieutenant du sénéchal à Baugé (2). Cette concession qui lui attribuait les droits, profits, revenus et émoluments du greffe tant en signet que seel et autrement était une indemnité de tous les grandes peines, charges, travaux et dépenses de sa charge qui ne lui rapportait que 50 l. de gages ; elle fut cependant comprise dans l'adjudication prononcée au profit de Jean Hirely le 17 janvier $145\frac{6}{7}$. Louet réclama par le motif qu'à raison des travaux et des dépenses que sa charge lui imposait, il devait être indemnisé d'une autre manière. Sur

(1) P 1334$^{7}$, f° 6 v°; P 1334$^{8}$, f° 78 r°.

(2) Lettres du 2 mars $145\frac{6}{7}$ (P 1334$^{6}$, f° 175 r°). V. ci-dessus au chapitre des lieutenants du sénéchal l'article concernant James Louet, t. II, p. 268 et suiv.

sa réclamation le Roi René annula l'adjudication le 2 mars $145\frac{6}{7}$. Ces lettres étaient signées par Alardeau.

L'attache et expédition est inscrite sur le registre à la suite sans signature, avec la simple date de juin 1457 sans que le jour du mois soit rempli ; la copie de ces deux actes n'est pas signée sur le registre. Il paraît certain que quand Louet eut obtenu les lettres qui le remettaient en possession de la concession à lui faite, la chambre essaya de gagner du temps. Le Roi envoya d'autres lettres le 30 mars enjoignant de procéder à l'expédition desdites lettres, bien que la chambre l'eût fait avertir par Robert Jarry de tout le préjudice et dommage que de semblables concessions causaient à son domaine : elle déclarait cependant donner son attache, mais en réservant qu'après le décès de James Louet tout le profit et émolument dudit greffe serait mis et consolidé au domaine, et baillé à ferme à son profit (1). Les lettres du Roi furent sans aucun doute exécutées, et il est bien probable que ce fut avec les restrictions apportées par la chambre des comptes, et qui consistaient surtout à réduire la durée des concessions à la vie des titulaires.

### *Beaufort.*

Le comté de Beaufort sur lequel avait été assigné le douaire d'Isabelle de Lorraine morte le 28 février 1453 (n. s.), avait été donné en usufruit par le Roi René à Jeanne de Laval sa seconde femme. C'était une seigneurie qui avait son organisation complète, ressortissant à l'as-

(1) P 1334[6], f° 133 r°, 175 r° et v°.

sise de Baugé, mais qui présentait en abrégé l'image d'un des ressorts d'assises de l'Anjou ; les fonctions qui tenaient à l'ordre judiciaire se trouvaient concentrées dans un nombre peu considérable de mains. C'est ce qui est arrivé notamment pour les greffes : des lettres patentes de René et de la Reine Isabelle, antérieures par conséquent à 1453 avaient donné à Antoine de la Vignolle « l'office de clerc et greffier des papiers, procès et remembrances de la comté de Beaufort, tant des assises ordinaires de ladicte comté, des eaux et forêts, que des delivrances qui se tiennent extraordinairement et ordinairement par chascun jour ou semaine hors lesdictes assises, avec l'office d'enquesteur, avec le profit et emolument qui peut en revenir sa vie durant »... Il réunissait donc ce que nous avons vu séparé dans les autres sièges d'assises ; il était aussi enquesteur. Je trouve même dans la sentence de Pierre Guiot du 27 novembre 1459 l'indication qu'il remplissait auprès de lui les fonctions de greffier et d'enquesteur des eaux et forêts en l'absence du titulaire Olivier Binel (1).

La multiplicité des fonctions ainsi attribuées à Anthoine

---

(1) P 1334[8], ff. 92 et 93... « Et depuis ont esté par nous et Anthoine de la Vignolle nostre adjoinct pour Olivier Binel nostre greffier examinez pluseurs dont la despense (?) a été mise par escript et devers nous, avecques les coppies colationnez par nous et nostredit greffier aux originaulx desdiz tiltres, etc..... » Ce passage n'est pas bien clair, mais comme Olivier Binel était enquesteur des eaux et forêts d'Anjou, je crois qu'il n'y a pas d'autre conséquence à en tirer que de considérer Anthoine de la Vignolle comme son adjoint dans cette double fonction. V. ci-dessus Eaux et forêts.

de la Vignolle avait eu pour conséquence la faculté de se faire remplacer en cas d'absence par un substitut. Les autres greffiers avaient tous des clercs chargés de faire la plupart de leurs écritures ; ils avaient probablement aussi des adjoints pour les remplacer en cas de besoin ; mais je n'ai trouvé que dans cette circonstance le remplaçant désigné par ce nom de substitut et avec une fonction permanente caractérisée par le serment qu'il prêtait devant la chambre des comptes.

# CHAPITRE XXXIX

## SERGENTS. — HUISSIERS.

Le nom de sergent, *serviens*, désigna pendant longtemps, conformément à son étymologie, tous ceux qui étaient au service d'une autre personne, que ce fût ou non une personne exerçant des fonctions publiques, et que ces fonctions fussent ou non celles de la magistrature (1). Mais peu à peu dans l'Anjou et le Maine plus encore peut-être que dans le reste de la France, la signification de ce mot devint plus restreinte, et il servit plus particulièremet à désigner tous ceux qui à un titre quelconque étaient les auxiliaires de la justice soit en donnant les citations ou ajournements, soit en exécutant les jugements ou les titres exécutoires, soit d'une manière générale, en exécutant les ordres et mandements à eux donnés par les magistrats de tous degrés ou par ceux qui étaient compris sous la désignation générale de gens de la justice ; à une époque ancienne, le comte, le bailli avaient chacun leurs sergents (2).

---

(1) Ducange, v° *Serviens*.

(2) En mai 1291 David de Sesmaisons charge son sergent *(servienti suo)* de dire de la part dud. bailli aux sergents du comte d'Anjou qui étaient dans le manoir de Villevêque appartenant à l'évêque de sortir du manoir et de laisser l'évêque en prendre possession ; Liber. Guillelmi Majoris, p. 239.

Dès une époque ancienne fut proclamé le droit du duc d'Anjou de pourvoir seul à l'institution et à la nomination de tous officiers, et notamment des sergents ; seul il pouvait leur donner leurs sergenteries et les en priver. Ce droit était dans une limite assez restreinte partagé avec le sénéchal qui avait le droit de mettre un sergent dans chaque ressort sans en augmenter le nombre, de nommer le sergent de cette sergenterie lorsqu'elle devenait vacante (1).

De bonne heure s'introduisit l'usage de vendre les sergenteries ; une confirmation du contrat par le duc d'Anjou était nécessaire pour que la transmission fût valable (2). Il en était ainsi surtout en matière de sergenteries fayées ou fieffées. Nous verrons plus loin ce que c'est.

---

(1) Règlement de 1389, §§ 13 et 14, Bibl. d'Angers, ms. 921, f° 34 r°.

A. 29 décembre 1385, scellé une lettre pour Geffrin Levavasseur à qui Madame donne la sergenterie d'Ernée (Journal de J. Lefèvre, f° 101 r°).

B. *Item*, 13 mars $138\frac{7}{8}$ pour Simon Dandreville à qui Madame donne l'office de sergenterie des eaux et forêts que soulait tenir feu Guillemi Le Bigot (*Eod.*, f° 213 r°).

C. Lettres du Roi René du 26 mai 1475 donnant à Jean Mabille la sergenterie des bois segreaux de la Haye-le-Roy vacante par la mort dé Jean Daudin (P $1334^{10}$, f° 53 r° et v°).

D. Lettres de Louis XII du 21 février $150\frac{0}{1}$ nommant Pierre Fournier son sergent ordinaire et général en la comté du Maine en remplacement de Viscray ($R^5$ 399, f° 268 v°).

(2) A. 14 décembre 1384, scellé à Caisin de Goy, la vente d'une sergenterie et sauldoirie du baille du château de Saumur à un nommé Jean de la Haie (Journal de J. Lefèvre, f° 43 r°).

B. Le 17 février $141\frac{6}{7}$ Boislanfray a fait foy et hommage lige à cause de l'une des sergenteries fayées de Baugé, laquelle tenait jadis feu P. Pignon, et en a gagé les ventes pour lesquelles il a finé à la somme de 8 l. 6 s. 8 d. t. (P $1334^{4}$, f° 137 v°).

Et ce ne sont pas seulement des ventes d'offices qui avaient lieu ; les sergenteries donnaient lieu aussi à des baux ; ces contrats étaient autorisés sans difficulté, car le payement des ventes était poursuivi en justice quand il n'avait pas eu lieu volontairement, et le preneur à bail était aussi sans difficulté reçu à la prestation de serment (1).

Le sergent est en effet dépositaire par délégation d'une portion de l'autorité du souverain ; et cela est tellement vrai que quand l'Anjou et le Maine furent donnés en apanage à Louise de Savoie mère du Roi François Ier avec le pouvoir et autorité de nommer à tous offices royaux, ces nominations pour être valables durent être confirmées par des lettres du Roi (2).

Il arrivait qu'un office de sergent se trouvait vacant subitement ; il fallait alors pourvoir provisoirement à son remplacement; de même lorsque le titulaire sans cesser ses fonctions se trouvait empêché de les exercer pour une cause ou pour une autre.

---

(1) A. Clément Girart a pris à ferme de Jean Bernard sa vie durant un office de sergent fayé de la cour de Baugé moyennant une rente de 12 l. par an. Le procureur de Baugé les poursuit 1° parce que ladite rente ne suffit pas à garantir Girart sous la foi et hommage, et 2° il attaque Bernard pour despié de fief à raison de lad. rente. Girart est renvoyé de la demande par sentence de l'assise de Baugé du 15 février $147\frac{4}{5}$ par le motif qu'il déclare n'avoir aucun droit sur led. office, fors d'en jouir sa vie durant comme fermier. Jean Bernard est aussi renvoyé par le même motif ; il fine des ventes dues, et jure la féauté en jugement (P $1334^{10}$, f° 76 r°).

B. Septembre 1495, hommage fait par Jean Peschart fermier de la sergenterie de Saint-Calais appartenant à Louis Fournier ; elle avait été saisie jusqu'à ce qu'il eût fait exhibition de ses contrats ($R^5$ 400, f° 208 v°).

(2) Décembre 1518, nomination de Jean Collet sergent général ordinaire es regalles du pays et comté du Maine ($R^5$ 400, ff. 97 et 98).

Cette autorisation de se faire remplacer en cas d'absence ou d'empêchement pouvait être générale, et elle résultait soit d'un don et octroi fait par lettres du Roi de commettre et substituer en la charge dudit office (1) ; soit d'une autorisation temporaire accordée par le sénéchal jusqu'à ce que le duc d'Anjou eût statué en définitive aux termes du règlement de 1389 § 14, ou bien par décision du conseil (2), du moins tant que le conseil a existé. Après sa suppression, c'est le juge ordinaire (3) ou le lieutenant qui prenait après information les mesures nécessaires en cas d'urgence, décès (4), maladie (5),

(1) Lettres de Raoul Blanchet lieutenant du juge du Maine du 23 novembre 1504 qui nomment Jean Lelievre présenté par Jean Plesseys sergent fayé ordinaire et général au Maine ($R^5$ 399, f° 37 r°).

(2) Autorisation donnée par le conseil le 22 mai 1453 à Didier Lusurier sergent ordinaire du bailliage de Craon-en-Mirebalais, que le Roi de Sicile avait emmené avec lui en Italie, de se faire remplacer pendant un an à partir de la Saint-Jean (P $1334^3$, f° 45).

(3) Plaidoierie de Chambellan pour le sénéchal, *Après-disnées*, $X^{1A}$ 8323, f° 639 r°.

(4) Pierre de Courthardi juge du Maine et Jacques Tahureau lieutenant général et ordinaire en la sénéchaussée du Maine commettent le 10 février 150$\frac{7}{8}$ Jean Derault pour faire l'office de sergent vacant par la mort de René Perrin, jusqu'à ce qu'il y ait été pourveu ($R^5$ 400, f° 98 r°). Ce remplacement n'eut lieu qu'au mois de décembre suivant (*Eod.*, f° 98 v°).

(5) Sur la requeste que nous a faite ce jourd'uy en jugement le procureur du Roy que Michel Jaffe sergent au bailliage de Sablé est malade et n'est venu faire son amenée et n'exerce sond. office, et que eussons à commettre personne capable pour exercer led. office pendant le temps de sa maladie, et les exploiz demeurant à faire parce qu'il n'y a aucun sergent... oüi ladite requeste nous avons appointé que ledit Jaffe sera appelé d'huy en huit jours pour savoir s'il a que dire qu'il n'y soit mis personne capable de l'exercice d'icelui office ; brouillon de décision vers 1520 ($R^5$ 400, f° 153).

études du titulaire pour mieux exercer sondit office (1), arrestation provisoire, surtout en cas de détention dans les prisons de l'évêque (2), saisie de l'office en main de cour (3). Les lettres d'institution paraissent avoir réservé le droit de destitution au Roi dans tous les cas, et à l'assise si le sergent ainsi nommé était *moins que suffisant* (4).

Tous les sergents devaient prêter serment de bien et fidèlement remplir leurs fonctions sans commettre faute, fraude ni abus, de recueillir les amendes qui leur seront baillées à recueillir et icelles verser au receveur des domaines (5). Ce serment était prêté devant le juge ordinaire ou son lieutenant ou celui du sénéchal (6) qui le déclarait mis en possession de son office. Les sergents

---

(1) Autorisation accordée le 10 avril $150\frac{7}{8}$ par Pierre de Courthardi à Georges Melet, sergent ordinaire à Sablé ($R^5$ 400, f° 138 v°).

(2) Autorisation donnée le 31 janvier $151\frac{8}{9}$ par Jacques Tahureau au fils de Savoust ou Sevroust de remplacer son père au bailliage de Beaumont ($R^5$ 399, f° 278).

(3) Georges Melet (note 1) et Michel Jaffe (p. 174, note 5) paraissent ne pas s'être entendus ensemble et en être même venus à des actes de violence; Jaffe fut condamné à l'amende pour bateures et excès, et en outre à rembourser diverses sommes à Melet ; son office pour assurer le payement fut saisi et mis en la main du Roi par l'assise du Mans et baillé de par le Roi audit Melet pour être exercé en main de cour; après avril $150\frac{7}{8}$ ($R^5$ 400, f° 139 v°).

(4) Nomination de Jean Lelièvre. Ci-dessus, p. 174, note 1.

(5) Nomination et installation de Pierre Fournier le 26 février $150\frac{0}{1}$ ($R^5$ 399, f° 268 v°). Le juge décide en même temps qu'il fera son admenée au jour de l'appel et admenée de Beaumont (V. en outre les documents cités, p. 174, notes 1 et 2 ci-dessus).

(6) V. les documents cités ci-dessus.

des bois segréaux prêtaient aussi serment devant le juge ordinaire (1). Ceux de la prévosté d'Angers prêtèrent serment devant la chambre des comptes tant qu'elle a existé; outre le serment général, ils prêtaient serment de faire bons, vrais et loyaux rapports à justice sur tous les abus, entreprises ou autres choses qu'ils trouveront être faits au préjudice du seigneur, de la police et chose publique du pays (2).

Un assez grand nombre des documents cités constatent que le sergent nommé soit comme remplaçant temporaire, soit comme remplaçant définitif, devait fournir un plège (3). Cette circonstance n'est pas reproduite dans toutes les mentions relatives aux serments et installations des sergents, en sorte qu'on peut se demander si tous, sans exception, devaient donner un plège pour la garantie de leur gestion ; l'affirmative est assez vraisemblable puisque le sergent devait percevoir toutes les amendes relatives à son amenée et en verser le produit au receveur ; cependant les mentions relatives aux pleges donnés ne me paraissent pas assez nombreuses pour que je puisse en conclure à une obligation imposée à tous les sergents sans exception.

Dans un grand nombre de circonstances et notamment

---

(1) Jean Mabille nommé sergent des bois segréaux de la Haye-le-Roy par lettres du Roi René du 26 mai 1475 prête serment le 20 juillet 1476 entre les mains du juge ordinaire qui l'institue dans son office (P 1334[10], f° 53 r° et v°).

(2) Serment prêté le 6 novembre 1483 (P 1334[11], f° 194 r°). Ces sergents étaient présentés par le fermier de la prévosté ainsi que les juge et greffier de la prévosté. V. ce que j'ai dit du juge de la prevosté, t. II, p. 306 et suiv.

(3) V. les documents cités ci-dessus, p. 174, notes 1, 2, 3 ; p. 175, notes 4 et 5.

quand il s'agissait d'actes faits par un sergent dans une procédure, les choses ont dû se passer comme elles se passent aujourd'hui, on allouait une somme pour chaque acte qui avait été fait (1).

Un grand nombre de sergents recevaient des gages fixes ; c'est à mon avis ce qui résulte d'une mention au journal de Jean Lefèvre (f° 213 r°) d'une nomination à la sergenterie de Craon donnée en 1388 par la Reine de Sicile *sans gages*. Il me semble que cela résulte aussi de mentions contenues dans l'enquête de Gauquelin et Jarry sur les forêts du ressort de Baugé ; ils concluent à ce que les sergents de ces forêts coupables de négligence, malversation, ou qui n'exercent pas leurs fonctions en personne soient punis par la privation de leurs gages (2), ce qui ne peut avoir lieu lorsque les gages sont calculés à raison des jours de travail ou vacations ; le sergent n'étant alors payé que pour les jours qu'il a vaqué à son office (3).

---

(1) Le conseil taxe le 23 septembre 1450 à Trignier 10 s. t. pour avoir été à Chantocé ajourner deux témoins à comparaître devant lui (P 1334[5], f° 15). Le tarif de cette époque paraît avoir été un peu variable.

(2) P 1334[5], f° 26 v° ; cette enquête a eu lieu du 25 octobre au 5 novembre 1450.

(3) C'est ainsi que paraissent avoir été payés les sergents des plez des cens d'Anjou. Le sergent de la ville et quintes d'Angers était chargé de faire les ajournements desdits plez, et chaque fois qu'ils étaient tenus il devait toucher de la main du receveur d'Anjou 20 s. t. pris sur ses exploiz. Il n'avait pas été payé depuis longtemps et s'adressa à la chambre des comptes qui le 10 décembre 1451 ordonna que le recevéur serait appelé, qu'on verrait d'après ses comptes combien de fois les plez avaient été tenus, et qu'ensuite il serait enjoint au receveur de lui payer ce qui lui serait dû (P 1334[5], f° 88 r°). Un système

A côté de ces sergents payés à raison du travail qu'ils avaient fait, il y en avait d'autres auxquels on avait donné certaines terres dont ils percevaient les revenus à la charge de faire tout l'office de sergenterie. C'étaient les sergents fayés ou fieffés, et leur office portait le nom de sergenterie fayée ou fieffée : Ce nom était aussi donné aux terres qui leur avaient été concédées à la charge de ces services.

La sergenterie ainsi constituée était entre les mains de son possesseur un véritable fief qui pouvait être forfait pour cause de négligence grave dans le service pour lequel il avait été concédé. C'est ce qui résulte évidemment à mon avis du passage suivant de l'enquête de Gauquelin et Jarry : « Que les deux sergens fayés de la forest de Monnoys sont tenuz chacun jour à estre chacun à sa garde à cheval et ung homme à pié avecques luy, et à celle causes ont de bonnes terres et possessions ; ne font devoir esdictes forestz telz qu'ilz doivent. Leur a esté commandé par lesditz president et Jarry que chacun en droit soy y face la garde telle qu'il doit sur les peines qui y appartiendront » (1).

---

semblable existait aussi en Normandie; le 26 janvier 138$\frac{1}{2}$ Binet *sergent à gages* des forêts de Bur-le-Roy etc... (vicomté de Bayeux) donne quittance notariée de 105 solz t. pour ses gages de 7 den. maille tourn. par jour de service, par 168 jours de service entre Pasques et la Saint-Michel (Cabinet des titres, pièces originales, dossier 7608, Binet, pièce n° 2).

(1) Il faut rapprocher de cette injonction de Gauquelin et Jarry une décision prise par le conseil en 1404 (P 1334[4], ff. 71 et 72) au sujet de la sergenterie des feurres de Baugé. Cette partie des revenus du Roi de Sicile était à cette époque dans le plus grand désordre; la sergenterie qui appartenait à Huet Lebrun et qui était exercée par Jean Chartreau dut être déclarée forfaite et donnée à Chartreau ; « on lui fera donner la sergenterie qui doit être forfaite. » Voir la note suivante.

Les possesseurs de ces sergenteries étaient soumis à toutes les obligations du vassal envers le seigneur dont ils relevaient. Ils devaient jurer la féauté et faire hommage, à peine de saisie féodale des fruits, issues et revenus dans les mêmes cas que tous vassaux et notamment lorsque la sergenterie passait en d'autres mains ; ils devaient exhiber leurs contrats et bailler aveu à l'assise qui suivait celle où ils avaient juré féauté (1).

Nous avons vu ci-dessus que les sergenteries et principalement les sergenteries fayées pouvaient être l'objet de baux à ferme et de toutes autres conventions telles que le service de rentes ; il pouvait en résulter des charges trop considérables donnant lieu à une demande de commise pour despié de fief; c'est d'ailleurs une question de fait (2).

L'autorité sur les sergents appartient au sénéchal et au juge auxquels ils doivent obéir. En cas de désobéissance, ceux-ci peuvent leur ôter la verge et les suspendre

(1) Serments de Boislanfray, 17 février $141\frac{6}{7}$ (P 1334[4], f° 137 v°) ; de Macé Lebanier entre les mains du Roi de Sicile pour la sergenterie des feurres en avoine en la quinte d'Angers, La Haye-Joullain et Brain, 19 janvier $145\frac{1}{2}$ (P 1334[5], f° 121 r°) ; de Philipon Leconte pour la sergenterie des feurres et mesurages aux ressorts d'Angers et de Baugé qu'il avait héritée de son père, 19 décembre 1458 (P 1334[6], f° 19 r°) ; de Champhuon, assise du Mans, septembre 1459 (R[5] 397, f° 255 r°) ; de Louis Fournier sergent de Saint-Calais qui avait succédé à son père ; Jean Peschart était fermier de cette sergenterie, serment de septembre 1495 (R[5] 400, f° 208 v°) ; de noble homme Jehan de Brezeau seigneur de Courtennau bailly et capitaine de Chartres, conseiller et chastellain du Roi qui avait acheté une sergenterie à Saint-Calais, 8 juin 1508 (R[5] 400, ff. 244, 245).

(2) Sentence de l'assise de Baugé du 15 février $147\frac{4}{5}$ tenue par Jean Binel (P 1334[10], f° 26 r°).

à temps. Si aucun sergent mesprend en son service ils peuvent le punir et le corriger comme personne privée ; les fonctions de sergent n'attribuent aucun privilège à celui qui en est revêtu. Si un sergent est en cas d'avoir forfait sa sergenterie, le sénéchal ou le juge peuvent lui faire son procès et le déclarer privé de son office ; mais au duc d'Anjou seul appartient de le remplacer (1).

Les sergents avaient le plus ordinairement un ressort en dehors duquel ils ne pouvaient pas instrumenter, ou *sergenter* comme on disait autrefois. Les ressorts ainsi déterminés étaient le plus ordinairement désignés sous le nom de *bailliages*, quelquefois aussi, mais moins souvent, sous celui de *sénéchaussées*. Les sergents de ces ressorts sont les *sergents ordinaires*, mais le plus souvent ils sont désignés par la seule énonciation du lieu où ils sont sergents (2).

Ils étaient astreints à la résidence dans le lieu dont ils étaient sergents. Cette obligation qui est dans la nature

---

(1) Règlement de 1389, §§ 13 et 14 ; La Reformacion des Grands Jours, § 26.

(2) A. Guillot sergent du Roi de Sicile en ses ville et quintes d'Angers fait le 17 juin 1409 sa relation sur une saisie féodale, (P 1334[4]. f° 98 r°).

B. Michel Rouxigneul sergent de la séneschaucie d'Angiers de la partie d'oultre Mayenne, versement fait à la Reine en novembre 1409 (KK, f° 3 v°).

C. Assise du Mans de septembre 1459, Guillemin Champhuon fait foi et hommage lige pour la sergenterie fayée des quintes du Mans (R[5] 397, f° 255 r°).

D. Didier Lusurier sergent ordinaire du bailliage de Craon en Mirebalais se fait remplacer (P 1334[3], f° 45).

E. Pierre Girart sergent du Roi de Sicile en la sénéchaussée de Saumur, mars $146\frac{5}{6}$ (P 1336, n° 315).

F. Georges Melet sergent ordinaire du Roi au bailliage de Sablé en 1508 (R[5] 400, f° 138 v°).

même des choses et indispensable à la bonne administration de la justice est implicitement reconnue dans des lettres d'Yolande Reine de Sicile duchesse d'Anjou du 12 mai 1419 portant défense à tous autres sergents et officiers qu'à ceux du chapitre d'Angers d'exploiter dans le ressort dudit chapitre (1). Mais la plus ancienne mention législative que j'aie trouvée est le § 319 de la coûtume de 1463 qui pose en principe qu'en matière de retrait le sergent ne peut faire de demande en dehors de son ressort sans une commission de justice, qui d'ailleurs s'accordait facilement (2). Cette obligation de résider est enfin rappelée comme résultant d'ordonnances anciennes dans des lettres-patentes de Louis XI du 12 novembre 1482 (3) ; et elle pouvait donner lieu soit à des injonctions sous peine d'amende (4), soit à une condamnation à l'amende avant toute injonction (5).

Le principe que nul sergent ne peut sergenter hors de son ressort s'appliquait à plus forte raison aux sergents

---

(1) Dom Housseau, t. IX, n° 3841, archives de St-Maurice.

(2) V. Liger, § 669. La commission à un sergent pour donner ajournement hors son bailliage en matière réelle, mixte, ou possessoire donnait ouverture à un droit de sceau de 12 d. ; Tarif des signetz et seaulx de l'extraordinaire, § 2 (Cout. d'Anjou et du Maine, t. IV, p. 503).

(3) P 1334[11], f° 139 r°.

(4) A la requête des avocat et procureur du Roi le sénéchal du Maine Christophe Perot fait le 22 novembre 1526 injonction à Michel Enjoumier sergent de résider en son bailliage.... à la peine de 50 l. t. d'amende, et de prison en cas de défaut (R[5] 399, f° 139 r°.

(5) Le 28 février 1500 (n. s.) Pierre de Courthardi gage une amende et l'arbitre à XX s. encourue par un sergent de Mondoubleau pour ajournement abusivement donné à Saint-Calais (R[5] 500, f° 184 v°).

des juridictions subalternes; c'était une atteinte aux droits du seigneur supérieur. De graves difficultés surgirent au milieu du xv$^{e}$ siècle entre le Roi de Sicile duc d'Anjou et le comte de Vendôme; parmi les nombreux griefs du Roi de Sicile figurent la défense faite à ses sergents par le comte d'ajourner ses sujets à l'assise de Baugé et l'arrestation d'un sergent du Roi qui avait enfreint cette défense (1). Des sergents de l'évêque du Mans sont condamnés à l'amende le 12 décembre 1465 pour avoir empiété sur la juridiction du comte du Maine (2). Et bien avant cette époque nous voyons que Thibaut Levraut comme sénéchal de Sablé statue sur une difficulté faite au prieur de Solesmes parce que le sergent de ce prieuré avait fait la levée des corps de deux individus noyés dans la Sarthe; on prétendait que le droit de justice qu'avait le prieur ne lui permettait pas de faire procéder par son sergent à de semblables actes, mais le contraire fut établi (3).

A côté des sergents ordinaires, nous trouvons les *sergents généraux* qui ont le pouvoir de sergenter dans toute l'étendue des grands fiefs de l'Anjou et du Maine, ou au moins dans certains bailliages désignés en dehors de leur bailliage ordinaire. C'est ce qui me paraît résulter des expressions dont se sert le juge ordinaire d'Anjou Binel dans ses lettres du 13 février $148\frac{2}{3}$ par lesquelles il donne expédition aux lettres-patentes du Roi Louis XI du 28 janvier précédent contenant attribution à l'assise

(1) P 1342, n° 542, articulation des griefs du duc d'Anjou faite par Gauquelin, signature autographe.

(2) R$^{5}$ 397, f° 160 r°.

(3) Sentence du 6 décembre 1378, Archives de la Sarthe, H 32, entre les n$^{os}$ 84 et 85; original.

d'Angers des affaires du comté de Vendôme portées jusque là à l'assise de Baugé (1). Il donne avis aux sergents ordinaires du Roi es assises royaux d'Angers que les bailliages et amenées de Vendôme, Le Lude et La Flèche, des sergents généraux et des sergents des régales anciennes de Baugé seront portées à l'assise d'Angers à certains jours déterminés. Plus loin, en réglant l'ordre dans lequel seront expédiées les amenées des sergents, après avoir mis au lundi les bailliages et amenées de Vendôme et du Lude, il met au mardi les amenées de Jean Rortereau, Jean Aubert, Jacques Hirely simplement nommés par leurs noms, sans indiquer leur bailliage. Au mercredi il met les bailliages généraux de Jean Gastineau et de René Velier nommés sans aucune mention de territoire, et l'amenée de Macé de l'Espine sergent de La Flèche....

De ce texte il faut rapprocher les lettres du 23 novembre 1504 par lesquelles Raoul Blanchet lieutenant du juge du Maine institue Jean Lelièvre sergent fayé ordinaire et général au Maine (2). Sans attacher plus d'importance qu'il ne faut à la formule d'institution, il faut remarquer que la fin de ces lettres contient mandement « à tous les officiers et subgectz du Roi au pays du Maine que aud. Lelievre en faisant et exercant led. office obeissent et entendent, et donnent conseil, confort et ayde »..., indications sans doute inutiles au moins quant au territoire, s'il n'avait eu de pouvoir que pour une region limitée du Maine.

---

(1) P 1334[11], ff. 149 et suiv. V. ci-dessus le chapitre de *l'Assise*, t. II, Chap. XIX.

(2) R[5], 399, f° 37 r°.

De ce que je viens de dire il me semble résulter que le *sergent ordinaire et général* dont il vient d'être question (1) est le sergent qui avait un pouvoir général de sergenter en dehors du bailliage auquel il était attaché.

D'autres sergents sont en outre *sergents es regalles*. Le sens précis de ce mot n'est pas beaucoup plus facile à déterminer que celui de cas royaux, droits du Roi. Le sergent es régalles, que je trouve le plus souvent être en même temps sergent général et ordinaire (2), est celui qui est chargé de sergenter dans tous les cas où il s'agit des droits du Roi ; il ne me paraît pas possible de définir ses fonctions d'une manière plus précise. Ces droits cependant me semblent avoir des origines différentes ; car dans les lettres de Jean Binel citées plus haut il est question des sergents *des regales anciennes dudict ressort de Baugé*. Cela se rapporte sans aucun doute à tout ce qui était connu d'ancienneté sous le nom de *droits royaux ;* mais il est vraisemblable que plus tard, lorsque l'Anjou et le Maine furent constitués en apanage par François Ier au profit de sa mère Louise de Savoie, le mot *regalles* comprit tous les droits que le Roi n'avait pas expressément concédés dans la constitution d'apanage, et s'était ainsi implicitement réservés.

---

(1) Lettres de Louis XII du 21 février 150$\frac{0}{1}$ nommant Pierre Fournier son sergent ordinaire et général en la comté du Maine ($R^5$ 399, f° 268 v°).

(2) Lettres de François Ier du 7 décembre 1518 confirmant la nomination faite par sa mère de Jean Collet sergent ordinaire et général es régalles du comté du Maine ($R^5$ 400, f° 97 v°, 98 v°).

Les *sergents de la prevosté* (v. ci-dessus, p. 176) avaient certainement le droit d'instrumenter pour les causes de la prévosté dans toute l'étendue du ressort de cette prévosté.

Les *sergents des feurres* ou des *feurres et avenages* me paraissent avoir eu dans leurs attributions tout ce qui avait trait à l'administration des feurres et avenages de circonscriptions déterminées, mais qui étaient différentes des bailliages des sergents ordinaires ou généraux. C'étaient des rentes ou redevances en avoine et fourrages dues au duc d'Anjou.

La sergenterie des feurres de Baugé paraît avoir été considérable. Avant 1405 elle avait appartenu à un nommé Huet Lebrun qui s'était sans doute rendu coupable de malversations puisque sa sergenterie fut forfaite et donnée à Jean Chartreau qui devait faire un état de tous les feurres dûs au duc d'Anjou. Ce travail commencé en 1404 n'était pas encore fini en 1405. C'était une sergenterie fayée.

Le sergent des feurres de Baugé paraît avoir eu dans ses attributions le droit de saisir et d'exécuter pour le payement des rentes et redevances comprises sous le nom de feurres et avenages. Une exécution faite en 1452 par Macé Lebanier donna lieu à une difficulté tranchée par la chambre des comptes le 14 octobre 1452, mais la régularité de cette exécution ne fut pas contestée. Ce Macé Lebanier était sergent fayé ; il fit hommage au Roi René en janvier 145$\frac{1}{2}$ ; il était en même temps segraier de la forêt de Monnois (1).

(1) P $1334^5$, ff. 71 v° et 72 r°. P $1334^5$, ff. 121 r°, 127 r°. P $1334^7$, f° 139 v°.

Plus tard, en 1458, un de ces sergents réunissait dans sa sergenterie les *feurres et mesurages* aux ressorts d'Angers et de Baugé; c'était aussi une sergenterie fayée (1).

Les sergents des censives étaient sans doute dans une situation analogue; leurs pouvoirs devaient s'exercer dans toute l'étendue de la censive (2).

Il y avait aussi des *sergents des foires et marchés*, des *pois et livraiges*, des *poix et ballances*, des *aunes, poids et balances*; ils avaient aussi le titre de *visiteurs* (3), et leurs fonctions ne sont pas sans analogie avec celles de nos vérificateurs des poids et mesures. Le commis de ce sergent prêtait serment entre les mains du juge ou du lieutenant en la présence du procureur. Ceux qu'il trouvait avoir usé de poids non marqués ou qui avaient refusé de montrer leurs poids et balances étaient par lui assignés « à la cour au prochain ressort à repondre au procureur de la cour ». Il était soumis à la surveillance du

(1) Phelipon Leconte fils de feu Jean fait hommage simple par raison de sa sergenterie des feurres et mesurages d'Angers et de Baugé le 19 décembre 1458; le conseil lui enjoint de bailler son aveu (P 1334[6], f° 19 r°).

(2) Paieheu sergent de la censive du Roi de Sicile en sa ville et quinte du Mans, 20 avril 1398 (R[5] 402, f° 89 v°).

(3) Règlement ancien, copie du 26 août 1462, P 1334[4], au commencement. R[5] 396, f° 100 r°, rapport fait à l'assise du Mans de novembre (probablement 1448) par Guillaume Boitvin visiteur sur le fait des *pois et livraiges*. R[5] 396, f° 113 r°, rapport fait à l'assise du Mans de mai 1453 par... et fait recordre... par Jean Barbin son record; ce passage est très mutilé mais il en résulte qu'au Maine il y avait un sergent général des *poix et ballances*. P 1334[6], f° 49 v°, discussion entre le sergent des aunes... et les drapiers de Saumur; il leur réclame un droit comme maître visiteur.

procureur qui pouvait le poursuivre devant la cour pour le faire condamner en cas de mauvaise conduite de son office. Cet office de sergent des poids et balances d'Anjou était en 1477 litigieux entre Jean de Souhenne et Haloret ; le procès était pendant devant les Requêtes à Paris (1).

Les sergents *des eaux et forêts* sont ceux qui avaient pour mission de surveiller tout ce qui tenait à la conservation de cette partie importante du domaine du duc d'Anjou. Leurs fonctions s'exerçaient dans des territoires fixés ; leur négligence a souvent donné lieu à bien des plaintes qui paraissent avoir été fondées. Quelquefois ces fonctions ont été réunies (2), mais elles me paraissent le plus souvent avoir été séparées, cela résulte de la nature même des choses (3). Quelques-uns de ces sergents des forêts portaient le nom de *sergents courants* (4). Leurs fonctions paraissent avoir eu quelque analogie avec celles des gardes-champêtres ; ils pouvaient constater les délits forestiers même en dehors de la forêt dont ils étaient sergents. Ils devaient être d'un rang un peu supérieur à celui des sergents ordinaires des forêts, car ils prétendaient que toutes les amendes qui venaient par leur amenée de 15 sols t. et au-dessous étaient en entier à eux, et qu'ils devaient avoir le tiers de celles supérieures à ce taux.

---

(1) P 1334[10], f° 72 r°.

(2) Simon Dondreville, sergent des eaux et forêts, 12 mars 138$\frac{7}{8}$, Journal de Jean Lefèvre (f° 213 r°, fr. 5015).

(3) Jean Mabille sergent des bois segréaux de La Haye-le-Roy, 26 mai 1475 (P 1334[10], f° 53). Sergents de Monnois et de Chandelois, enquête de Gauquelin et Jarry (P 1334[5], f° 26 v°).

(4) P 1338, n° 420. Dans d'autres pays ils portaient le nom de *Sergents volants ;* V. Ducange, V[is] *Champerius, Camparius, Serviens camparius.*

Je pense que c'est à des sergents forestiers que la chambre des comptes remit deux fois, dans le courant de l'année 1469, le marteau servant à marquer les bois tombés par la force du vent ou autres causes dans la seigneurie de Chasteauceaux; ils en donnaient reçu et s'engageaient à le rapporter (1).

Les *sergents des eaux* étaient chargés de surveiller tout ce qui était relatif aux cours d'eau qui sont assez nombreux dans l'Anjou et Maine ; la surveillance des moulins leur était spécialement confiée, et ils devaient traduire à la plus prochaine assise les meuniers qu'ils trouvaient en contravention (2).

La juridiction des ressorts et exemptions de Touraine, d'Anjou et du Maine dont le siège principal était à Chinon avait des sergents qui étaient sergents du Roi de France, car c'était une juridiction royale. Ils avaient le titre de *sergents du Roy nostre sire ou bailliage des ressorts*, etc... Lorsque la chastellenie de Chinon fut constituée en douaire au profit de la Reine de France, les sergents du Roy devinrent les « *sergents de nostre tres-amée et chiere compagne la Royne en sa chastellenie dud. lieu de Chinon...* » Ils avaient leur résidence soit à Chinon, soit en Anjou et très-probablement aussi dans le Maine. Ils pouvaient

---

(1) 21 février 146$\frac{8}{9}$; 13 juin 1469, P 1334[9], ff. 4 r° et 31 ; ces deux mentions ne parlent que du sergent sans spécifier sa nature, mais c'est naturellement dans les attributions du sergent forestier de prendre le marteau pour le porter aux officiers de Chasteauceaux et ensuite le rapporter à la chambre des comptes.

(2) Assise du Mans de novembre 1453 par l'amenée de Saint-Calais (R[5] 396, f° 158 v°).

faire les actes de leurs fonctions dans toute l'étendue de ces ressorts sans avoir besoin de commission spéciale (1).

Les sergents du Roi de France venaient faire leurs exploits en Anjou sans qu'il paraisse qu'une commission ait été nécessaire (2). Cette commission pour sergenter

(1) A. Sentence de Pierre Guiot comme conservateur des privilèges royaux de l'Université d'Angers du 20 mai 1430 qui valide un commandement fait à la requête de l'abbé de Mellinais en payement d'une rente de seigle due sur une dîme sise à Vernantes (à moitié chemin entre Baugé et Bourgueil), par Jean Pringaut sergent du Roi au bailliage des ressorts et exemptions, etc. Il n'est pas dit où était sa résidence. (Titres et Chartes de l'abbaye de Mellinais, p. 112; Bibl. Sainte-Geneviève).

B. Les religieux de l'abbaye de Bourgueil sous la sauvegarde du Roi de France avaient droit de justice et juridiction haute, moyenne et basse sur leur territoire de Bourgueil, sous le ressort en cas d'appel du bailly de Touraine et des ressorts et exemptions d'Anjou et du Maine à son siège de Chinon, et à ce titre ils prétendaient que nul fors leurs sergents n'avait le droit de faire aucuns exploits de justice *ne autrement n'y ont que voir ne que cognoistre*. Deux sentences de l'assise de Chinon des 14 juillet 1438 (Dom Housseau, t. XII, 1, n° 5056 et t. IX, n° 3894), et 23 octobre 1436 (Dom Housseau, t. XII, 1, n° 5059) les maintiennent dans leurs droits à l'encontre des sergents du bailliage de Chinon. Dans le second de ces jugements il s'agit des entreprises d'un sergent de la Reine de France en la chastellenie de Chinon demeurant à Bourgueil. Dans l'autre, ce sont des plaintes plus anciennes contre le prévost-fermier et Guillaume Bouin sergent de la Reine dud. lieu de Chinon qui « se sont de fait puis an et jour en ca transporté oudit temporel et territoire audit lieu de Bourgueil et sur les manans et habitans ont fait plusieurs exploits en exercent fait de justice et juridicion... » Les religieux ne se plaignent pas de ce qu'il ait exercé des actes au dehors de son territoire, mais de ce qu'il a enfreint les droits et privilèges de Bourgueil, c'est de ces troubles que main-levée est donnée, et c'est à l'encontre de ces voies de fait que Bourgueil est maintenu dans toutes ses possessions et saisines.

(2) Ajournement donné le 9 octobre à G. Delaplanche à

hors l'Anjou et le Maine pouvait être donnée aux sergents de ces pays, surtout lorsqu'elle était la conséquence d'un acte de l'autorité royale. Des lettres du Roi Jean du 28 juillet 1357 mettent sous la sauvegarde royale l'évêque de Nantes et nomment commissaire à cette sauvegarde le sénéchal d'Anjou ou son lieutenant présent et à venir. Guillaume des Baus lieutenant du sénéchal qui était alors Jean de Saintré commit cinq sergents du comte d'Anjou et du Maine et tous autres qui seraient requis pour accomplir le mandement du Roi tant en Anjou qu'en Bretagne : le rapport de l'un d'eux, Guillaume de la Chambre sergent du comte d'Anjou constate qu'il publia la sauvegarde du Roi en plusieurs endroits de la ville de Nantes en présence de témoins le samedi après la Saint-Barthelemy 1357 (1).

### *Fonctions des sergents.*

Voici maintenant quelques-uns des actes qui rentraient dans les attributions des sergents.

Ajournements non seulement devant les juridictions purement judiciaires telles que l'ordinaire des assises (2), mais aussi devant les autres telles que le Conseil et la

---

Angers par Raymon Lejeune sergent au Châtelet de Paris pour venir rendre des comptes en la chambre des comptes à Paris : il vient faire son rapport à ce sujet en la chambre des comptes à Angers le 9 octobre 1453 (P 1334[5], f° 162 r°).

(1) Dom Housseau, t. XXVIII, II, f° 72.

(2) Défaut sur ajournement de jour simple prononcé le 2 décembre 1524 par le sénéchal du Maine relaté à l'assise par le sergent, auquel le sénéchal donne mandement d'ajourner le défendeur de terme o jugement, (R[5] 500, f° 39, original relié avec le registre).

chambre des comptes où l'on suivait d'ailleurs la même procédure que devant l'assise (1), à moins qu'il n'y eût lettres du Roi de Sicile ordonnant qu'il fût procédé sommairement et de plain.

Lorsque le sergent avait donné l'ajournement ou fait les actes d'instruction préliminaire, il présentait à l'assise l'affaire et la partie dans l'intérêt de laquelle il avait instrumenté. Les sergents des justices ressortissant à l'assise amenaient chacun les affaires et les parties de son bailliage (2).

---

(1) A. Demande en payement de gages supprimés à tort par le receveur de la baronnie de Chasteau-du-Loir portée devant la chambre des comptes le 29 novembre 1409 (P 1334[4], f° 103 r°).

B. Ajournement donné devant le conseil à un individu qu'on ne pouvait retrouver; relation faite le 15 février $140\frac{5}{6}$ par le sergent, en présence d'un plége qui affirme qu'on n'a pas pu retrouver l'individu, et en présence de records (P 1334[4], f° 81 v°).

C. A la suite de troubles survenus en 1453 et d'une information par le procureur du Roi de Sicile, le conseil mande à un sergent d'ajourner pardevant lui divers particuliers de Saint-Lambert près Saumur et Villebernier pour répondre au procureur à telles fins et conclusions qu'il voudrait prendre... (P 1334[5], f° 95 v°).

(2) Les justices inférieures qui ressortissent à l'assise du Mans, la seule dont quelques registres aient été conservés, sont: La Ferté, Pont de Genne, Ballon, Bonnestable, Lucé, Château-du-Loir, Pontvalain et La Suze, et cet ordre parait avoir été invariable. Le nom du sergent qui y comparaissait était enregistré avec soin ainsi que celui des deux records dont il était la plupart du temps tenu de se faire assister. Les affaires étaient inscrites sur des feuilles détachées que le sergent déposait, et dont un certain nombre ont été reliées avec les registres (R[5] 398, ff. 67, 91 et suiv., 118 et 119; R[5] 399, f° 129; R[5] 400, ff. 79, 88, 90, 108, 109). Ces registres sont de la première moitié du XVIe siècle, mais la procédure à cette époque n'avait encore subi aucune modification.

Exécutions de jugés et de lettres ; les coûtumes contiennent de nombreuses dispositions à cet égard sur leurs droits et obligations. Une fois la saisie faite, c'était le sergent qui nommait un commissaire. Soit que la saisie ait eu lieu à la requête d'un particulier ou à la requête du seigneur (1), il ne pouvait y avoir de différence, non plus que dans le cas ou il s'agissait d'une saisie féodale ; c'est encore lui qui dans ce cas devait nommer les commissaires à l'administration des biens saisis féodalement (2).

Publications préalables aux aliénations de portions du

---

Les choses se passaient depuis longtemps de la même manière dans l'Anjou. Les registres de la chambre des comptes font mention le 22 décembre 1414 d'une condamnation au payement d'une rente d'un sextier de seigle dont la preuve résultait du papier des remembrances de l'assise d'Angers par l'amenée de Pouencé ; le sergent de Pouencé est chargé de faire l'exécution (P 1334[4] f° 130 r°). Je n'ai retrouvé aucun des registres des assises d'Anjou.

(1) A. Poursuites contre Jamet Juedi pour payement du reste qu'il doit sur la ferme des contrats de Baugé ; 21 juillet 1408, le conseil est saisi d'un incident et renvoie à l'assise d'Angers (P 1334[4], f° 91 r°).

B. Saisie par un sergent de la ville et quintes d'Angers pour 180 l. dues au Roi de Sicile par feu Guillaume de Jumieges ; le 17 juin 1409 il fait sa relation au conseil (*Eod.*, f° 98 r°).

(2) Le sergent ordinaire au bailliage de Beaumont saisit féodalement le 11 mai 1462 les terres et seigneuries de Beaumont et de Fresnay-le-Vicomte ; il signifie cette saisie à Jean Guillou, lieutenant du bailly, Jean Claude, procureur, Jean Michau, chastelain, et commet Guillaume Suffleau (c'est le lieutenant du sénéchal du Maine), Jean Claude et Jean Michau pour remplir les fonctions de bailly, procureur et chastelain ; ce dernier réunit les fonctions de receveur à celle de chastelain et devra rendre compte (R[5] 397, f° 76 r° ; déclaration faite verbalement par le sergent, transcrite ensuite, et signée par lui).

domaine du duc d'Anjou. Ces publications étaient faites par trois jours de marché, huitaine, quinzaine et quarantaine et affichées (1). Il pouvait aussi, de l'ordre de messeigneurs des comptes, les faire publier au prône de la messe paroissiale par trois fêtes solemnelles consécutives (2).

Recouvrement de tous les revenus du duc d'Anjou lorsqu'ils n'étaient pas payés volontairement par le contribuable, et ces pouvoirs confiés au sergent s'appliquaient à tous les revenus du duc.

Levages dans la chastellenie de Mirebeau (3).

Recouvrement des aides qui avaient été concédées au duc d'Anjou (4).

---

(1) A. Lettres de Jean Dubreuil, procureur général de la Reine de Sicile en la comté du Maine du 20 avril 1398, prononçant l'adjudication de place de maisons demolies par les guerres, après publication faite par Paieheu sergent de la censive du Mans les 4 février, 12 fevrier, 27 février et 8 avril ($R^5$ 402, f° 89 v°).

B. Publications par Pierre Girard sergent en la sénéchaussée de Saumur en plain carrefour de marché le samedi 8 mars $146\frac{5}{6}$, le samedi suivant 15 dud. mois et le samedi suivant, pour arriver à la vente d'une vieille cave à Saumur (P 1336, n^os^ 315 et 317).

(2) Publications pour une place vague dans l'île des Ponts-de-Sée : le 1er ban le 25 mars qui fut le jour de l'Annonciation, le second ban le lendemain qui fut le jour de Pasques fleuries, et le tiers ban le dimanche prochain ensuivant jour des Grands Pasques qui fut le 2 avril 1469; certifié par Lebas sergent du Roi de Sicile de son fief de l'île des Ponts-de-Sée (P 1336, n° 269). Dans ce cas comme dans le précédent, les publications ont lieu à des délais autres que ceux de huitaine, quinzaine et quarantaine.

(3) Décision de la chambre des comptes du 24 août 1451 qui confie ce soin à quatre des sergents de la sénéchaussée de Mirebeau (P $1334^5$, f° 76).

(4) Un sergent avait agi sur la réquisition du receveur d'une

Mise des aubenages sous la main du seigneur auquel ils devaient advenir, duc d'Anjou ou autre seigneur relevant de lui (1).

Recouvrement des amendes et autres droits lorsque les rôles et extraits lui avaient été confiés dans ce but, notamment par le garde des remembrances (2).

Significations faites par ordre de la chambre des comptes pour enjoindre à certaines personnes désignées de rien payer au fermier avant que des explications aient été données par les fermiers (3).

---

aide pour saisir les bourgeois d'une paroisse qui ne la devaient pas. Après avoir vérifié, le conseil ordonne le 23 septembre 1450 de fair cesser cette exaction; l'ordre est adressé au receveur de l'aide. On ne contestait pas le droit du sergent d'exercer des poursuites si l'aide avait été due (P 1334[3], f° 16).

(1) A. Un sergent de la sénéchaussée de Saumur avait saisi un herbergement qui revenait au Roi de Sicile par droit d'aubenage avec tout ce qui était dedans, mais il avait conservé pour lui-même la jouissance du tout. La chambre des comptes lui enjoint le 7 mai 1415 de rendre compte et reliqua au receveur d'Anjou, qui lui-même en fera compte et raison à la chambre (P 1334[4], f° 131 r°).

B. Un sergent du comte de Vendôme est présent avec d'autres officiers du comte à l'inventaire après décès d'un nommé Berthelot Lenoer mort à Vendôme sans hoir apparent; un incident survenu au cours de cet inventaire donna lieu à un procès entre le Roi de Sicile et le comte de Vendôme terminé par transaction du 12 septembre 1446 (P 1342, n° 544).

(2) Défense est en outre faite au sergent de s'en aller du Mans qu'il n'ait répondu sur lesd. rôles et extraits, décision du sénéchal du Maine du 22 novembre 1526 (R[5] 399, f° 139 r°).

(3) Mandement de la chambre des comptes du 17 avril 1459 au procureur du Roi de Sicile en la comté de Beaufort au premier sergent du Roi en lad. comté sur ce requis...; (P 1334[7], f° 41 v°).

Inventaire avec le procureur du Maine des biens d'un receveur qui venait de mourir (1).

Le sergent pouvait commettre des tiers pour administrer les biens qu'il mettait sous main de justice, et ces tiers devaient rendre compte (2).

Une conséquence naturelle de son droit d'exercer des poursuites est qu'il pouvait faire une information sur l'insolvabilité d'un débiteur du Roi (3).

Et une autre conséquence est que quand il s'agissait de l'administration du domaine, c'est aux sergents qu'on avait recours pour faire demander des instructions à la chambre des comptes (4).

En somme, on peut dire d'une manière presque absolue que le sergent est l'agent d'exécution de toutes les autorités de l'Anjou et du Maine, soit en matière criminelle, soit en matière civile, qu'il doit rendre compte de tous ses actes à ceux qui l'ont mis en mouvement (5), et que

---

(1) Il l'apporte le 7 juillet 1415 à la chambre des comptes à Angers avec l'obligation de celui qu'il a commis à la garde des biens (P $1334^4$, f° 131 v°).

(2) Compte-rendu le 1er avril $150\frac{7}{8}$ à l'assise du Mans par Jean Mesieres... « touchant l'intromission par luy faicte des choses Jehan Guinebault, tant de mises que receptes au moyen de certaines commissions à luy baillées par Ambroys Fennoys sergent royal »... ($R^5$ 400, f° 67 v°). Ce compte est arrêté par l'assise.

(3) La remise de la dette fut accordée (P $1334^5$, f° 17).

(4) Pierre Rayneau chastellain de Chasteauceaux envoie à la chambre des comptes le sergent dud. lieu pour demander s'il faut vendre les blés et vins de Chasteauceaux, la chambre décide de les vendre et il est taxé 30 s. au sergent pour son voyage, 28 octobre 1468 (P $1334^8$, f° 223 v°).

(5) Une demande en réparation d'un pont est portée à l'assise du Mans de mai 1459; injonction au sergent de l'assise et au procureur de Chasteau-du-Loir de visiter ledit pont pour

d'une manière générale il doit rendre compte en toute matière au conseil et à la chambre des comptes qui représentent le Roi de Sicile duc d'Anjou.

En matière criminelle, outre les ajournements dont j'ai parlé ci-dessus (p. 191, note C), nous trouvons que les sergents pouvaient être chargés de mettre en état d'arrestation les individus poursuivis (1) et de les garder lorsqu'ils avaient été faits prisonniers (2).

On trouve assez souvent des mandements adressés au *premier sergent* du Roi de Sicile sur ce requis. Cette désignation ne veut pas dire qu'il y ait eu un sergent ayant une certaine prééminence sur les autres ; cela veut dire simplement que c'est le premier auquel on s'adressera et qu'on pourra requérir (3).

---

le faire réparer; à l'assise de mars 1463, les défendeurs sont mis hors, parce que le sergent a rapporté que la réparation a été faite (R[5] 397, f° 195 r°).

(1) Un élû en la vicomté de Beaumont objet de plaintes pour abus et excès avait été emprisonné au château d'Angers avec défense d'en sortir, puis s'était évadé. Le conseil mande le 30 juin 1456 au premier sergent du Roi de Sicile sur ce requis de le mettre en arrêt dans la ville d'Angers à peine de 2000 l. d'amende envers le Roi et de saisie de tous ses biens, etc.... (P 1334[5], f° 194 v°).

(2) Sentence de l'assise du Mans tenue par Jean Fournier le 12 août 1463 qui condamne à diverses peines un nommé Dardenay prévenu d'excès contre un sergent; il devra d'abord rendre aud. sergent un prisonnier qu'il lui avait enlevé... (R[5] 397, f° 157 v°).

(3) V. ci-dessus p. 195, note 5, affaire de l'élû de la vicomté de Beaumont.

René... au premier nostre sergent qui sur ce sera requis... Lettres du 18 avril 1457 (P 1334[5], f° 206 v°).

.... « pour proceder à l'excecucion de lad. complainte pardevant le premier sergent royal sur ce requis de la part dud. Roy de Sicile »... (Conseil, 21 avril 1477; P 1334[10], f° 71 r°).

Les fonctions des sergents étaient, comme on vient de le voir, beaucoup plus étendues que celles de nos huissiers. Le nombre en était considérable, et de nombreuses créations d'offices l'avaient multiplié dans une proportion dont nous ne nous faisons pas une idée. Une notice faite par Jean Mocquet, avocat à Saumur entre 1580 et 1586, dit que ceux du ressort de Saumur tel qu'il avait été constitué à cette époque tant baillagers que généraux (1) d'ancienne et de nouvelle création sont *innumérables*, on dit qu'il y en a plus de deux cents (2).

### *Huissiers.*

Il y avait aussi aux XIV<sup>e</sup> et XV<sup>e</sup> siècle des officiers ou fonctionnaires de l'ordre judiciaire qui avaient le titre *d'huissiers*. Vers la fin du XV<sup>e</sup> siècle leurs fonctions tendaient, à Paris surtout, à se confondre avec celles des sergents ; on trouve des *huissiers-sergents* des requêtes du Palais et des requêtes de l'hôtel du Roi (3).

En Anjou il en a probablement été de même à une date voisine de celle donnée par les documents de Paris.

---

(1) *Baillagers*, ceux dont le bailliage est déterminé et qui ne peuvent exercer en dehors ;

*Généraux*, ceux qui peuvent exercer dans tout le ressort de Saumur.

(2) Saumur fut érigé en senéchaussée distincte de la sénéchaussée d'Anjou par le Roi François I<sup>er</sup> en 1543. Il y avait sièges de prévosté, élection et grenier à sel ; six sergents étaient attachés à la prévosté, six à l'élection, et quatre au grenier à sel ; notice de Jean Mocquet, mémoires de la Société d'agriculture etc.... d'Angers, année 1887, p. 131.

(3) 22 décembre 1496, Reg. du Parlement, X1A 1503, *Conseil*, f° 20 v° ; 5 septembre 1498, X1A 1504, f° 182 v°.

Mais à une époque plus ancienne qui remonte aux dernières années du XIVe siècle, la séparation entre les deux fonctions paraît avoir été complète.

En 1376 Gillet ou Gilles Buynart huissier de la chambre des comptes reçoit 20 l. pour la récompense de ses peines et labeurs depuis cinq ans ou environ qu'il avait servi Monseigneur (le duc d'Anjou) en compagnie de Jean Lebegue conseiller et maître des comptes, en faisant plusieurs écritures et autres choses (1). En 1399 après avoir servi longtemps comme huissier et comme secrétaire de la duchesse d'Anjou il fut nommé clerc de lad. chambre des comptes le 17 septembre ; il fut remplacé comme huissier, et il fut décidé qu'il y aurait un autre huissier pour aller par la ville assembler le conseil et faire autres services (2).

La facilité que donnait la présence d'un huissier toujours à la disposition du conseil ou de la chambre des comptes pour exécuter les ordres qui devaient être immédiatement exécutés fit que souvent on lui donna, soit en exécution de mandements du Roi de Sicile, soit à raison d'incidents soulevés dans des procès pendants devant le conseil ou la chambre des comptes, des missions qui rentraient complètement dans la compétence des sergents, et c'est ainsi que les fonctions ont fini par se confondre. Telle est probablement l'origine première de nos huissiers-audienciers (3).

---

(1) Trésorerie du duc d'Anjou, KK 242, f° 25 v°.

(2) Buynart avait servi longtemps *à petits gages*, probablement 12 d. par jour, somme allouée à son successeur ; ses gages comme clerc des comptes furent de 60 l. par an (P 1334[5], f° 29 v°).

(3) Cette tendance à l'union des deux natures de fonctions se manifeste dès le milieu du XVe siècle.

Trois des ajournements que je cite en note ont été donnés par Jamet Thibault qui est qualifié *huissier du conseil* dans la mention relative à l'ajournement donné en $145\frac{3}{4}$ aux receveurs de Saumur et Loudun (note B.) et *huissier de la chambre des comptes* dans celles relevées notes A et C. Cela vient à l'appui de l'opinion que j'ai émise que les deux juridictions n'étaient pas aussi distinctes qu'on pourrait le croire au premier abord.

L'huissier, de même que le sergent, devait rendre compte de l'exécution du mandat qui lui avait été donné. Cette obligation me paraît avoir existé dans tous les cas; mais dans ceux que je viens de rappeler, elle résultait

---

A. Une veuve appelée devant la chambre des comptes pour rendre compte des recettes de son défunt mari prétend que son beau-frère doit aussi être ajourné pour rendre compte d'une partie de la recette faite par lui; 21 avril $145\frac{0}{1}$, mandement à l'huissier de la chambre ou au premier sergent du Roi de Sicile requis sur ce de bailler le dit ajournement (P. $1334^5$, f° 64 v°).

B. L'huissier du conseil va porter aux receveurs des aides à Saumur et à Loudun des lettres closes faites par ordre du conseil en conformité des ordres du Roi adressés au conseil ; ils devront comparaître le 4 avril $145\frac{3}{4}$ ; l'huissier devra rapporter la réponse de ces receveurs (P $1334^3$, f° 87 r°).

C. La chambre des comptes mande à Jamet Thibault huissier de ladite chambre ou au premier sergent du Roi qui sera sur ce requis de renouveler à plusieurs procureurs d'Anjou etc... les sommations d'apporter ou envoyer à la chambre tous papiers et autres enseignements touchant le domaine du Roy dans les trois mois après le commandement fait (P $1334^6$, f° 180 v°).

D. Je trouve encore en 1468 l'huissier de la chambre des comptes (Jean Lepeletier successeur de Jamet Thibault) ajournant en vertu d'un mandement de la chambre le fils et héritier d'un comptable. Il y avait eu une procédure commencée contre son père, et le registre de la chambre a soin de constater que malgré plusieurs ajournements il n'avait pas comparu (P $1334^8$, f° 222 r°).

implicitement de l'ordre donné à l'huissier de rapporter la réponse de celui auquel il devait porter l'injonction de la cour.

L'huissier de la chambre des comptes, de même que les sergents, recevait quelquefois des commissions que nous sommes étonnés de voir confier à des fonctionnaires de l'ordre judiciaire ; peut-être la personne inspirait-elle une plus grande confiance ; Jean Lepeletier huissier de la chambre était chargé de recevoir les deniers pour l'entretien et réparation des ponts de Sée et de surveiller les travaux. Il rendit ses comptes en 1477 ; il s'était *très bien conduit et gouverné* et fut continué dans ses fonctions pour l'avenir (1).

---

(1) Lettres patentes de René du 7 janvier $147\frac{7}{8}$ (P $1334^{10}$, f° 117 r°).

# CHAPITRE XL

## NOTAIRES.

Les notaires tels que nous les connaissons aujourd'hui, surtout depuis la loi de l'an XI, sont de véritables dépositaires d'une portion importante de la puissance publique, puisqu'ils ont un sceau qui est la reproduction du sceau de l'Etat, qu'ils ont le droit de revêtir les actes par eux reçus de la même formule que les lois et les jugements, et que les copies qu'ils délivrent, désignées sous le nom de grosses lorsqu'elles sont revêtues de la formule exécutoire et scellées, peuvent être mises à exécution sans aucune intervention de l'autorité d'un magistrat quelconque.

Il n'en était pas de même des notaires du xv^e^ siècle et des époques antérieures. Ils n'avaient qu'une partie des pouvoirs des notaires actuels ; ils étaient uniquement chargés de constater les conventions entre les parties ; mais dans ces limites on peut tenir leurs fonctions pour à peu près identiques à celles de nos notaires actuels, et le règlement du 18 décembre 1385, le plus ancien que j'aie trouvé, contient la plupart des règles auxquelles sont soumis les notaires pour la réception ou *passement* (1) des actes : obligation de donner lecture des

---

(1) Le mot *passement* est même pris comme synonyme d'acte, et les notaires sont désignés sous le nom de *passeurs*.

actes aux parties, de leur expliquer certains engagements plus graves que les autres, de les préciser et de les spécifier sans se contenter de formules générales, de ne mentionner aucun payement ni numération d'espèces que ceux qui auront été faits en leur présence, de prêter entre les mains du juge ordinaire ou de son lieutenant le serment d'observer toutes les règles de leur profession, et de faire le dépôt de la signature (1) dont ils comptent se servir dans l'exercice de leurs fonctions. Ces prestation de serment et dépôt de signature n'ont pas lieu d'ailleurs exclusivement devant le juge ou son lieutenant; ils avaient lieu aussi devant le chancelier ou devant la chambre des comptes.

Dans l'origine la nomination des notaires paraît avoir appartenu d'une manière à peu près entière au fermier ou garde du tabellionnage qui les présentait au juge ordinaire pour prêter serment; telle est la seule disposition qu'on trouve à cet égard dans le règlement de 1385 § 2. On ne doit cependant pas regarder cette règle comme excluant l'intervention de l'autorité du juge; en effet dès l'année 1407, nous voyons le conseil le 1er décembre, à propos d'une adjudication du tabellionnage de Saumur, ordonner que les passeurs qui ont passé lettres et ne sont

(1) Les mémoriaux de la chambre des comptes contiennent un assez grand nombre de ces dépôts de signatures qui remontent jusqu'à 1403 (P $1334^4$, ff. 1 et 16; $1334^6$, f° 241 v°, $1334^{11}$ feuille intercalée entre les ff. 25 et 26. Ce dernier est la formule entière écrite de la main du notaire le 23 février $148\frac{0}{1}$; de même que celle du f° 1 du registre $1334^4$, toutes les deux sont identiques). Quelques-uns de ces notaires déposent deux signatures, celle dont ils comptent se servir pour les actes qu'ils reçoivent, et leur signature ordinaire.

pas habiles seront pris et mis en prison par la commission du juge qui ordonnera sur ce à Saumur, ordonnera quel nombre de notaires il y aura dans chaque chastellenie, qu'ils soient suffisants, et en donnera sa commission (1).

Il faut voir dans les décisions ainsi prises par le conseil une conséquence de la règle posée par le § 2 du règlement de 1385 que les notaires présentés par le garde du tabellionnage devaient être « suffisans et loyaux ». Le règlement de 1489 la reproduit d'une manière plus claire et plus précise en défendant aux juges de ne recevoir aucuns notaires s'ils ne sont expers, suffisans et bien instruits aud. office, et de bonne loyauté et prodommie (§§ 1 et 8). L'assise du Mans d'avril $14\frac{50}{51}$ tenue par Gilles de la Réauté avait déjà fait l'application de cette règle en révoquant de ses fonctions un notaire d'Andouillé comme « non suffisant ne ydonne », et ordonnant qu'un autre notaire serait tenu même par prise de corps d'apporter ses notes et minutes de contrats pour qu'il soit examiné ; et en outre en faisant un règlement sur le protocolle des notaires (2). La même assise en septembre 1459 après avoir examiné le protocolle d'un tabellion le trouve idoine et suffisant (3).

---

(1) P 1334[4], f° 89 r°.

(2) R[5] 395, f° 1 r° et v° ; l'état de mutilation des premières pages de ce registre ne permet pas de voir sur quels points a statué l'assise ; mais il est bien certain qu'elle a fait un règlement sur l'enregistrement des passements aux protocolles des notaires et tabellions.

(3) Ce notaire donnait lieu sans doute de suspecter sa capacité et sa probité, car l'assise le condamne à donner plège de 100 l. t. (R[5] 397, f° 154 r°). Dès le XVIe et même la fin du XIVe siècle les mots *Notaire* et *Tabellion* sont synonymes ; Réformation des Grands Jours de 1391, §§ 10 et 11 ; Coût. de 1411,

L'authenticité complète et la force exécutoire des actes des notaires ne pouvait résulter que de leur enregistrement au tabellionnage et de l'apposition du sceau des contrats. L'accomplissement de ces formalités donnait lieu à la perception de droits dont le tarif paraît avoir été définitivement arrêté vers 1385, mais que l'on peut considérer comme beaucoup plus anciens (1). Ce sont là les « proufiz et droiz des seaulx et escriptures du tabellionnage des contralz »... qui étaient périodiquement adjugés au plus offrant et dernier enchérisseur qui prenait le titre de fermier et garde du tabellionnage, quelquefois une seule de ces deux qualités, et qui est aussi désigné dans les règlements de la chambre des comptes sous le nom de tabellion. L'ensemble de ces droits était souvent désigné aussi sous le nom de tabellionnage; les registres de la chambre établissent complètement cette synonymie (2).

Après la lecture de l'acte aux parties contractantes, le notaire devait l'apporter au fermier ou garde du tabellionnage dans les huit jours s'il demeurait à Angers ou dans les faubourgs, dans un plus long délai s'il demeurait

---

§ 98; de 1463, § 118; Liger, §§ 567 et 1387; Coût. en XX parties, § 290.

(1) V. mes Coûtumes d'Anjou et du Maine, t. IV, p. 479 et suivantes.

(2) Ferme du tabellionnage d'Angers, 8 novembre 1461, P 1334⁷, f° 208 v°; Ferme des seaux et escriptures d'Angers, 30 octobre 1464, P 1334⁸, f° 79 v°; Bail des fermes du tabellionnage de Saumur, P 1334⁷, f° 207 v°; Tabellionage de Saumur 31 octobre 1464, P 1334⁸, f° 78 v°; Seel, merc et escriptures de la ville de Loudun et chastellenie appelé le Tabellionnage, 1er novembre 1456, P 1334⁶, f° 129 v°, P 1334⁸, ff. 118 r°, 226 v°.

en dehors et l'enregistrer (nous dirions aujourd'hui transcrire) au papier (1) dudit tabellionnage pour protocolle, et le signer de son seing manuel (2). Il devait ensuite les expédier et grossoyer ou grosser en forme sur parchemin et les apporter du garde du sceau pour les faire sceller avant de les rendre aux parties. Les notaires ne pouvaient rendre aux parties aucunes lettres non scellées sans le consentement du fermier. Les lettres une fois faites et rendues aux parties ne pouvaient être refaites sans l'autorisation du juge, et sa commission devait être incorporée dans la lettre refaite. Cette disposition ne s'appliquait pas seulement aux cas où il fallait refaire les lettres, elle s'appliquait aussi au cas où l'acte était sans existence par toute autre circonstance telle que la mort des notaires avant d'avoir signé (3).

Les notaires des seigneurs, barons et chastelains qui avaient droit d'avoir sceaux de contrats ne pouvaient

---

(1) Le mot *papier* est fréquemment employé comme synonyme de registre. On trouve même *un papier en parchemin*.

(2) Le délai est d'un mois dans le règlement de 1385 ; il est de deux mois dans les deux serments de notaires du 20 décembre 1417.

(3) Lettres de Jacques de Montortier lieutenant à Baugé et ressort de messieurs les seneschal et juge ordinaire d'Anjou du 15 février $150\frac{1}{2}$ à André de Montortier enquesteur ordinaire de ceans et François Bigot notaires jurés des contrats de la cour de ceans ; ces deux notaires sont commis « pour rediger et mettre en grosse et forme due lad. note et minute dud. contrat ; en laquelle grosse ne sera rien ajouté à ce qui est en ladite minute, fors seulement le stille, et à la fin d'icelle grosse sera fait mention que ce qui a esté fait l'a été par vertu de ces presentes lettres de commission lesquelles seront attachées à lad. grosse sous le seel des contrats de ceste cour »... (Cabinet des Titres, pièces originales, vol. 2038, dossier Montorcier, n° 46462, pièce n° 3).

passer contrats sous des sceaux autres que ceux de la juridiction dont ils étaient sujets ; — mais les notaires des cours royales qui sont souveraines pouvaient en tous lieux de leurs ressorts passer contrats sous les sceaux royaux *ainsi que raison est*. Les notaires des cours subalternes ne pouvaient exercer ni tenir leur tabellionnage à Angers, Saumur et Baugé.

Les sceaux du tabellionnage de l'évêque d'Angers ne se pouvaient tenir avec ledit tabellionnage que dans le palais épiscopal et non ailleurs *ainsi que d'ancienneté est accoustumé le faire* (Règl. de 1489, §§ 7 et 10).

Les fonctions des notaires n'étaient pas exclusives de certaines autres fonctions publiques : André de Montortier comme on vient de le voir (note 3 de la page 205) était notaire en même temps qu'enquesteur à Baugé.

Les sergents pouvaient être notaires s'ils réunissaient d'ailleurs les autres conditions exigées des notaires et se soumettaient aux mêmes règles. Les notaires apostoliques laïques pouvaient aussi être notaires de cour laye s'ils avaient été reçus par ladite cour et avaient prêté le serment requis (Règl. 1489, § 14).

A une époque ancienne un prêtre pouvait être notaire; mais cela changea dans le courant du xv$^e$ siècle et l'assise du Mans d'avril 145$\frac{0}{1}$ proclama cette défense (1).

Telles sont les principales dispositions sur l'organisation du notariat dans les grands fiefs d'Anjou et du Maine ; elles ont le plus grand rapport avec celles en vigueur dans le reste de la France (2). En cette matière, comme

(1) Février 141$\frac{7}{8}$, serment de Guillaume Houssaie prebstre et notaire ; coût. d'Anjou et du Maine, t. IV, p. 485 ; R$^5$ 395, f° 1; Regl. 1489, § 13.

(2) Glossaire du Droit français par Ragueau et Delaurière. V$^{is}$ *Notaire, Tabellion.*

en beaucoup d'autres, c'est du milieu et de la seconde moitié du XVIe siècle que datent les grands changements.

Les sceaux des contrats d'Angers restaient en la chambre des comptes (1) : ce fait est attesté par l'adjudication du 30 octobre 1464 faite à Delommeau pour trois ans, « o condicion que les seaulx desd. contrats demourront en la chambre des comptes, comme par avant avoit esté appointé ».

Il est vraisemblable que ceux des autres ressorts d'Anjou restaient à Baugé ou à Saumur ; mais je ne puis dire si lesdits sceaux restaient en la possession du fermier ou garde du tabellionnage ou s'ils étaient déposés à la juridiction du lieu entre les mains du lieutenant du sénéchal ou de tout autre magistrat local. Je crois cependant par analogie avec ce qui se passait à Mirebeau que les sceaux restaient en la possession du fermier, car le notaire par la nature même de ses fonctions doit être, bien plus que le greffier, à la disposition constante du public. Mirebeau se trouvait dans une situation entièrement analogue à celle de Loudun et dépendait de la chambre des comptes uniquement sous le rapport domanial : en 1457 et 1463 les seaux et escriptures, tabellionnage et greffe extraordinaire de devant le chastellain font l'objet d'une seule adjudication à la charge de tenir *boutique ouverte* en la ville de Mirebeau pour le tabellionnage, et la garde des sceaux était confiée au fermier pour chaque période de trois années (2).

---

(1) P 1334[8], f° 79.
(2) P 1334[6], f° 189 r° ; P 1334[8], f° 40 r°.

# CHAPITRE XLI

## FRAIS DE JUSTICE.

On réunit souvent sous le nom de *frais de justice* des dépenses qui sont, il est vrai, faites pour parvenir à faire rendre à chacun la justice qui lui est due, mais qui dans leur origine et dans la détermination de ceux à la charge desquels elles retomberaient en définitive, ont un sort différent ; car les unes restent à la charge de la communauté des citoyens, les autres peuvent être recouvrées contre une des parties à la charge de laquelle elles retombent en définitive. Cette distinction est dans la nature même des choses, et nous la retrouvons dans l'Anjou et le Maine au xve siècle s'appliquant aux diverses dépenses de l'administration de la justice, avec les mêmes distinctions que de nos jours.

### § 1.

### *Réformateurs de l'Anjou et du Maine.*

A plusieurs reprises, ainsi que nous venons de le voir, des commissaires avec des pouvoirs très étendus ont été chargés de réformer les abus pouvant donner lieu à des plaintes ou réclamations contre *toutes manieres d'officiers*... Ces réformateurs désignés sans doute d'un commun accord entre le Roi de France et le duc d'Anjou, car ils portent le titre de *Réformateurs du Roy nostre sire et de monseigneur le duc*, recevaient des gages ainsi que ceux qui étaient désignés par le duc d'Anjou pour les assister. C'est ainsi que dans la réformation qui eut lieu en 1376 et 77, Dauneel et Dartoys sont désignés par le Roi de France et le duc ; Descharbeye qui les assiste est désigné par le duc ; Delatousche est procureur du Roi et de monseigneur le duc.

Parmi les dépenses générales faites à cette occasion, il faut citer encore les cris et publications pour inviter à se présenter devant les réformateurs ceux qui croiront avoir à se plaindre des officiers du duc ;

Ceux qui seraient chargés de porter au procureur du duc des lettres des réformateurs ;

Ceux qui doivent prendre les exploits appartenant au duc ou au Roi de France pour les remettre au trésorier du duc ;

Indemnité pour la perte d'un cheval éprouvée par celui qui devait porter cet envoi.

Les pouvoirs si étendus reconnus aux réformateurs comprennent le droit de faire ou faire faire des informations ou enquêtes, des significations de toute espèce, des exécutions sur les biens ; les parties pouvaient ajourner devant les commissaires par des sergents les officiers dont ils croyaient avoir à se plaindre (1). Cette série de frais fait partie de ceux qui retombent en définitive à la la charge de la partie condamnée. Toutes ces indications résultent de mentions de payements faits par le trésorier des ducs d'Anjou sur des mandements éma-

(1) Arch. Nat. KK 242, ff. 14, 15, 23, 45.

nant soit des réformateurs, soit du duc d'Anjou lui-même ; mais il est plus que probable que c'est à la suite d'une taxe, et que recouvrement en était fait contre la partie.

## § 2.

### *Grands Jours.*

Je n'ai trouvé des renseignements que pour les Grands Jours tenus à Angers en $137\frac{8}{9}$. Ceux qui les ont tenus étaient pour la plupart membres du Parlement de Paris. La dépense considérable faite à cette occasion a été à la charge du trésor du duc d'Anjou (1).

---

(1) Les frais de cette session qui a commencé le 15 janvier $137\frac{8}{9}$ et a duré 35 jours s'élèvent à 1099 l. 6 s. 6 d. ob. (KK 242, f° 100 v°). Il est bien difficile d'évaluer ce que peut représenter cette somme en valeur de nos jours, mais voici quelques données sur lesquelles on pourra essayer d'établir un calcul :

Le Roi René pendant presque toute la durée de son règne a entretenu à Angers une ménagerie assez importante surtout pour l'époque ; la fourniture des moutons servant à la nourriture des bêtes féroces était faite par un boucher dont le marché était renouvelé tous les trois ans, et il devait fournir un mouton *bon et compectant* pour le prix de sept sous et demi.

Dans le procès qui eut lieu en 1496 devant le Parlement entre François Binel, juge ordinaire, et Jean de la Grutuze sénéchal d'Anjou, Michon l'avocat de Binel, en parlant du juge ordinaire qui existait en 1364 dit que ses gages étaient de 400 l. « de la monnoie lors courant qui valent plus de huit cens de la monnoie qui court de present » (14 juin 1496, Parlement, *Après-disnées*, X^IA 8323, f° 638 r°).

Les frais du procès fait au Maréchal de Gié terminé en 1506 se sont élevés à 35.905 l. (Procédures polititiques sous Louis XII, coll. des Documents inédits). Le savant éditeur de cette publication estime que cette somme représente environ

A plus forte raison devaient être à sa charge les frais des Grands Jours tenus aux époques postérieures. La plupart sans aucun doute ont été tenus par des officiers du Roi de Sicile duc d'Anjou ; cependant en 1464 ils furent tenus par le président de Scepeaulx « et autres de la court » (1) ; mais la tenue par les officiers du Roi de Sicile a dû être le cas ordinaire, et la création de l'office de président des Grands Jours peut presque en être considéré comme la preuve.

A ces dépenses on peut joindre les dépenses qui ne prennent pas leur origine dans un procès pendant, telles qu'une enquête ordonnée pour constater les droits du duc d'Anjou, et dont le payement est fait en vertu d'une ordonnance du lieutenant du duc par le trésorier (2).

## § 3.

### *Assises.*

Ainsi que nous l'avons vu, c'est le juge ordinaire qui la plupart du temps tient l'assise. Lorsque les fonctions de juge ordinaire furent créées et Perrigault institué accesseur et juge ordinaire, comme cette institution

---

900.000 fr. de notre monnaie actuelle (Introduction au procès du Maréchal de Gié, p. CXXI). Depuis le procès de Binel se placent les premiers effets de l'introduction en quantités importantes des métaux précieux due à la découverte de l'Amérique. La tenue des Grands Jours de $137\frac{8}{9}$ pourrait bien avoir coûté une somme supérieure à 40.000 fr. de notre monnaie.

(1) *Eod.*, f° 638 v°.

(2) KK 242, f° 105 v°.

n'était que provisoire, ses gages ne furent d'abord établis qu'à raison de tant par jour, c'étaient comme des vacations. Cet état de choses ne dura même pas deux ans, puis les gages du juge ordinaire furent fixés d'abord à 100 livres par an, et peu d'années après à 300, chiffre auquel ils paraissent être restés pendant le règne de René (1).

Il restait cependant dans la pratique quelques vestiges des conditions anciennes qui avaient fait créer le juge ordinaire, la nécessité de la tenue régulière de l'assise. On ne tenait pas compte d'une manière absolue du temps pendant lequel le juge était resté en fonctions, on tenait compte aussi du nombre des assises qu'il avait tenues (2).

Les fonds sur lesquels les dépenses des assises étaient

---

(1) V. Cependant ci-dessus p. 210 note, la citation du plaidoyer de Michon.

(2) A. La veuve de Gilles de la Réauté touche la totalité des gages de son mari jusqu'à la Toussaints quoiqu'il soit mort le 21 octobre parce que les assises d'Anjou avaient été tenues quatre fois pendant l'année de son trespas (Coûtumes d'Anjou et du Maine, t. III, p. 66).

B. Il est alloué à Pierre de Saint-Melayne qui a exercé pendant deux mois les fonctions de juge par commission du conseil, et a tenu les assises d'Angers, Saumur et Baugé, la somme de 30 livres (*Eod.*, p. 67).

C. On en trouve une trace dans une allocation de 12 fr. 1/2 faite en novembre 1376 à Jean Anne, juge ordinaire, dont nous parlerons plus loin..., et pour tenir les assises d'Angers et du Mans (KK 242, f° 74 v°).

D. Vacance du siège de Mirebeau par la mort de Mathurin Beurges ; Chauvet est commis par le conseil à exercer la judicature de Mirebeau pour l'assise seulement ; mandement au receveur payer et bailler les gages aud. office appartenant pour l'exercice de la prochaine assise seulement, 7 septembre 1470 (P 1334⁹, f° 74 v°).

assignées étaient les revenus des amendes et exploits de justice provenant de tous les actes qui émanaient de la juridiction de l'assise (1).

## § 4.

### *Frais de déplacements.*

On a quelque peine à se figurer combien à cette époque les déplacements étaient fréquents malgré les difficultés et la longueur des communications. Les voyages entre Angers, Saumur, Tours, Le Mans, se comprennent encore ; mais les ducs d'Anjou avaient de nombreux procès en Parlement ; ils avaient d'autres affaires en plus grand nombre peut-être et souvent plus importantes à traiter avec le Roi de France ou le Grand Conseil ; les voyages entre Angers et Paris étaient presque continuels. Il en était de même des voyages en Provence surtout pendant les séjours qu'y faisaient les ducs d'Anjou, et notamment le Roi René. Ces voyages étaient pour la plupart relatifs aux affaires d'administration et de finances ; il y avait presque toujours

(1) A. Lettre de René aux gens des comptes du 20 mai 1477 dans laquelle il se plaint que les sénéchaux et juges de ses juridictions quand ils vont tenir nos assises font grandes et excessives depenses et souventeffois plus grandes que les amendes et exploitz de justice ne se montent, à quoi voulons que donniez provision telle que verrez estre à faire... (P 1334[10], f° 84 v°).

B. Requête au conseil de Me René Breslay, sénéchal de Beaufort, au sujet de la dépense des assises de Beaufort (*Eod.*, f° 98 r°).

sur la route quelque membre du conseil ou de la chambre des comptes se rendant auprès de lui pour lui donner des explications nécessaires sur différents actes de la chambre qui paraissaient avoir été l'objet de violentes attaques, ou sur la situation de ses finances ; une correspondance des plus actives avait lieu entre le Roi et le conseil ou la chambre des comptes. Des conflits s'élevaient dans bien des circonstances entre les officiers du Roi et les juridictions, notamment entre la chambre des comptes et le maître des eaux et forêts au sujet de la prestation de serment des segraiers, et avaient reçu leur solution en Provence.

Tous les officiers du duc d'Anjou, jusqu'au chancelier (1) et au sénéchal (2), faisaient des déplacements pour lesquels ils recevaient des indemnités importantes ; mais sans doute ils ne se déplaçaient ainsi que dans des circonstances exceptionnelles.

---

(1) A. Jean Lefèvre a soin de mentionner au mois de février 138$\frac{1}{2}$ qu'il a reçu 2 livres d'émoluments sur le sceau ; il ajoute qu'il est allé *en* Avignon au commandement de Monseigneur sans gages (Journal de Lefèvre, Ed. Moranvillé, p. 3).

B. Jean de Beauvau évêque d'Angers et chancelier reçoit le 5 novembre 1457 par la main du receveur ordinaire d'Anjou 400 livres pour un voyage à Paris pour les causes et procès du Roi de Sicile en Parlement, notamment pour 400 l. de rente avec les Spifame (Bibl. Nat. Lat. 17 127, documents concernant Bourgueil, p. 299). Les difficultés avec les Spifame remontaient au moins à 1382 (Journal de Lefèvre, *l. c.*).

(2) A nostre... conseiller et chambellan le sire des Rochettes senechal de nostre pays d'Anjou pour le voyage qu'il a fait de Guyse à Paris et de là en Prouvence pour y porter les 20.000 escuz prestez par notred. frere le conte du Maine, esquels led. senneschal a vacqué par trois mois ou environ, 687 l. 10 s. en 500 escuz (KK 246, f° 5).

*Juge ordinaire.*

Il était comme tous les autres officiers du Roi de Sicile à sa disposition pour se déplacer afin de s'occuper de ses affaires ; on le voit se tenir prêt à monter à cheval avec le président des comptes aussitôt qu'il recevrait les ordres du Roi (1).

On le voit se déplacer avec d'autres personnages pour diverses affaires, par exemple un règlement de limites avec des seigneurs voisins (2); ou bien pour, avec d'autres,

(1) Le comte de Vaudemont, fils du Roi René, doit passer quelques jours à Paris, le Roi écrit au juge et au président des comptes pour qu'ils se tiennent prêts à aller trouver led. comte de Vaudemont à Paris pour traiter avec lui plusieurs affaires, et il a averti de son départ de Lorraine « à ce que vous, juge et president, montez à cheval et en toute diligence tirer devers lui à la court » (de France), 6 février $146\frac{7}{8}$ (P 1334[9], f° 190 v°).

(2) Allocations diverses faites à Jean Anne juge ordinaire, à Torchart procureur général et à plusieurs autres pour divers déplacements sur les confins du Poitou, à Saint-Loup, en 1376 et 1377 « pour savoir et enquerir la verité des faiz et debaz pendans entre mond. seigneur et monseigneur de Berry sur les marches et divisions des duchés d'Anjou et de Touraine et de la comté de Poitou, et pour faire sur ce les informations necessaires, » (KK 242, ff. 53 et 54). Au f° 54 v°, la chambre des comptes sur un payement de 30 francs au juge ordinaire fait cette observation *recuperetur supra vadia sua ;* l'assignation des gages du juge ordinaire n'était probablement pas encore définitivement fixée à cette époque, et c'est là probablement le motif de l'observation de la chambre des comptes à cause des fonds sur lesquels devait être assignée cette dépense ; car il n'est pas admissible que le juge dût faire à ses frais un déplacement aussi considérable.

aller trouver le Roi de France afin de traiter des affaires intéressant tout le duché d'Anjou (1).

Je n'ai pas trouvé d'indication d'une somme fixe qui lui aurait été allouée par chaque jour de déplacement comme nous allons le voir pour le procureur d'Anjou et quelques autres ; mais ces allocations étaient sans aucun doute importantes.

### *Procureur d'Anjou.*

Il ne paraît pas avoir eu droit à une indemnité de déplacement lorsqu'il ne sortait pas du ressort de l'assise d'Angers ; c'est ce qui me paraît résulter des lettres du Roi de Sicile du 21 mai 1400 qui lui allouent outre ses gages ordinaires 20 s. par chaque jour qu'il chevauchera hors de son bailliage (2), c'est-à-dire du ressort de l'assise d'Angers ; ce droit lui était alloué quand il se transportait dans l'Anjou, c'est-à-dire dans les ressorts de Saumur et de Baugé. Lorsqu'il vaquait hors du pays d'Anjou pour poursuivre les causes et négoces du Roi

---

(1) A. Allocation de 60 l. le 16 novembre 1450 au juge d'Anjou pour avoir été avec le Roi de Sicile, le procureur, Me Jean Breslay, Jean de la Poissonnière et autres vers le Roi de France pour lui remonstrer les grans exactions et insupportables charges en ce païs d'Anjou tant en tailles, aides que autres subvencions... (Marchegay, Archives d'Anjou, t. II, p. 21, extrait des comptes de la cloison d'Angers).

B. En 1480 ou 1481 acquit à Jean Bernard conseiller du Roi et auditeur en sa chambre des comptes et esleu... de 34 l. 12 s. 5 d. t., pour avoir été avec divers vers le Roi (de France) pour les differends entre les gens du conseil et des comptes et ceux de la mairie d'Angers ; parmi eux se trouve Jean Binel juge ordinaire (P $1334^{11}$, f° 46 r°).

(2) P $1334^{4}$, f° 57 v°.

de Sicile en Parlement à Paris et en ses terres et pays comme ailleurs, cette indemnité fixée d'adord à 1 fr. 1/2 par lettres du 11 juillet 1376 fut portée à 2 fr. par autres lettres du 23 juillet 1377 (1).

Cependant cette somme ne lui était pas toujours allouée dans son entier, et la réduction avait lieu suivant les circonstances ; lorsqu'il s'agissait par exemple de déplacements pour aller à Tours ou à Chinon revendiquer des causes dont la connaissance devait appartenir au duc d'Anjou (et de pareils voyages étaient continuels), l'indemnité fut fixée d'une manière uniforme à 10 sols par jour (2) ; lorsqu'il s'agissait de déplacements ou actes de ses fonctions sans sortir de l'Anjou, comme de pareils déplacements ne peuvent se faire sans donner lieu à quelques dépenses extraordinaires qu'on ne peut raisonnablement faire supporter aux gages ordinaires de celui qui les fait, il était alloué au procureur et à ceux qui avaient été avec lui une somme représentant ces dépenses extraordinaires (3). Enfin il avait droit à des émoluments

---

(1) KK 242, ff. 54 v° et 70 v°.

(2) En 1376 plusieurs déplacements de cette nature sont taxés à Torchart sur le taux de 1 fr. 1/2 par jour. C'est plus tard, en 1402 et 1405 que nous trouvons la réduction à 10 s. faite par le conseil qui confère au procureur de Saumur les pouvoirs qu'avait celui d'Angers, *l'un d'eux pour l'absence de l'autre...* (Conseil, 12 juin 1402, 6 octobre 1405 ; P 1334[4], ff. 57 v°, 79 r°).

(3) A. Jean Binel procureur d'Anjou va à Saumur avec Jean Muret, Raoulet Lemal et le clerc des comptes pour voir une maison qui menace ruine par défaut de réparations, pour diverses baillées et autres affaires du seigneur ; le 25 août 1479 il leur est alloué à tous ensemble par le conseil la somme de 12 l. 10 s. t. ce qui fait 3 l. 2 s. 6 d. pour chacun ; leur absence avait duré 7 jours (P 1334[10], f° 204 v°).

B. Le 8 mai 1479 il lui est alloué 10 l. pour s'être transporté

de rédaction et expéditions pour l'exécution d'actes de ses fonctions (1).

*Procureur de Saumur.*

En dehors des cas où à défaut du procureur d'Anjou il allait à Chinon ou à Tours revendiquer les affaires dont le Roi de Sicile avait la connaissance, il ne paraît pas avoir eu droit à une somme fixée par chaque jour qu'il aurait eu à se déplacer (2).

---

avec le sénéchal, Bernard trésorier d'Anjou, Jean Bridé avocat d'Anjou, le procureur de Baugé et autres à Mouliherne et aux environs pour s'informer de droits litigieux avec ceux de Saint-Martin de Tours au sujet des chasses que ceux-ci prétendaient avoir en la prévosté d'Angers, pour des baillées dans la forêt de Monnois, vente de bois, réparations des halles de Mouliherne, etc... (P 1334[10], f° 194 r°).

(1) A. 1er août 1478, le conseil commet le procureur d'Anjou pour faire avec le procureur de Beaufort et Jean Muret conseiller des comptes une enquête au sujet des pâturages dans la forêt de Bellepoule et le comté de Beaufort (P 1334[10], f° 158 r°).

B. 20 décembre 1482, mandement de la chambre des comptes au receveur d'Anjou de payer à Me Loys Garnier procureur d'Anjou 6 l. 8 s. 4 d. t. pour la minute, grosse et signature et pour droit de seel d'unes lettres-patentes par lui obtenues du Roy pour contraindre tous les notaires du pays d'Anjou à bailler toutes notes et prothocolles des passements estans devers eux qui touchent les cens, lotz, ventes, droiz et devoirs dûs au Roy (P 1334[11], f° 141 v°).

(2) A. En 1454 il lui est alloué 20 écus d'or pour employer aux affaires du Roi de Sicile quand il irait à Paris ; il devait notamment porter des pièces relatives aux marchands fréquentans la rivière de Loire (P 1334[6], ff. 13 r° et 62 r°).

B. Le 7 juin 1479 acquit au receveur ordinaire pour payer à Jean Pelet procureur de Saumur 4 écus d'or valant 6 l. 8 s. 4 d. t. pour la vacation dud. procureur d'être par deux fois venu de Saumur à Angers pour le procès entre le Roi de Sicile et les

*Procureur de Baugé.*

Il ne paraît pas non plus avoir eu droit à une somme fixe allouée pour chaque déplacement. Ses indemnités étaient taxées suivant chaque affaire (1) ; à moins qu'on ne veuille le considérer comme ayant droit à une indemnité journalière de un écu d'or, somme qui lui est allouée au mois de mars $147\frac{8}{9}$ (2) : cette allocation ne serait pas tout à fait fixe, l'écu d'or ayant varié au xv^e siècle de 1 l. 5 s. à 1 l. 12 s. t. environ.

---

marchands fréquentans la rivière de Loire au sujet de la clôture de Saumur, pour faire plusieurs collations touchant lad. cause et aussi pour avoir apporté plusieurs aveux. déclarations et remembrances dud. Saumur par lui rendus en la chambre des comptes (P $1334^{10}$, f° 238 r°).

(1) A. Alloué le 24 avril 1459 à Thibaut Belin procureur à Baugé 10 l. t. pour partie de la dépense qu'il pourra faire lui et son clerc sur les lieux qui sont en cadiz et non-valeur et en faire réformation.... (P $1334^{7}$, f° 44 r°).

B. Taxé le 31 juillet 1477 à Pierre Damours procureur à Baugé 9 l. t. pour un voyage qu'il fera devers le bailli de Touraine à Tours pour deux procès du Roi de Sicile pendants devant led. bailli (P $1334^{10}$, f° 89 r°).

C. Le 10 novembre 1477 le conseil lui alloue et à Jean Bridé avocat d'Anjou 12 l. t. pour un voyage de cinq jours qu'ils ont fait par ordonnance du conseil devers les commissaires des francs fiefs de Touraine (P $1334^{10}$, f° 105 v°).

(2) Commis avec le trésorier d'Anjou pour aller remonstrer à messieurs de Saint-Martin de Tours les droits du duc d'Anjou sur des moulins et autres choses litigieuses ; il lui est alloué le 19 mars $147\frac{8}{9}$ un écu par jour, pendant que le trésorier touche 60 s. par jour chaque fois qu'il voyage pour les affaires dudit seigneur (P $1334^{10}$, f° 185 r°).

### *Procureur de Beaufort.*

Il devait aller quatre fois par an à Baugé pour assister à l'assise, et il recevait 40 s. t. pour ce déplacement. Ce droit lui avait été contesté parce que cette somme n'était pas de ses gages ordinaires et ne figurait pas dans les charges anciennes, mais le 17 mars $145\frac{8}{9}$ cette contestation fut reconnue sans fondement, car il devait réclamer à cette assise le renvoi à l'assise de Beaufort des gens qui en étaient sujets (1). Il devait aussi faire des réclamations semblables à l'assise de Chinon (2).

### *Lieutenant de Saumur.*

Il paraît avoir eu droit à 1 écu d'or par jour ; mais une autre fois dans la même année et pour le même voyage (de Saumur à Tours), on lui alloue une somme fixe (3).

---

(1) La réclamation du procureur est du 17 mars ; le 17 avril suivant, ordonnance de la chambre des comptes à Maillet sergent de la forêt de Beaufort de payer 100 s. pour tout ce qui était dû depuis deux ans et demi (P 1334[7], ff. 37 r° et 41 v°).

(2) Ordonnance de la chambre des comptes au fermier de Beaufort du 9 octobre 1459 (*Eod.*, f° 69 r°).

(3) A. Le conseil le 29 mars $147\frac{8}{9}$ lui alloue 1 écu d'or par jour pour aller à Tours pour le fait de la traite avec le trésorier qui reçoit 60 s. par jour (P 1334[10], f° 187 r°).

B. Le 5 juin 1480 il lui est alloué 10 l. t. pour un voyage par lui fait de Saumur à Tours devers l'évêque de Marseille et Honorat de Berre pour conférer avec eux sur plusieurs affaires du Roi de Sicile (P 1334[10], f° 234 v°).

*Lieutenant de Beaufort.*

Il avait à faire de nombreux voyages pour les affaires du comté ; le 27 juin 1479 il lui est alloué 30 l. t. pour aller à Paris avec le receveur et le procureur d'Anjou pour le procès pendant en Parlement entre le Roi de Sicile et le comte de Ventadour (1) au sujet du comté de Beaufort. A l'occasion de ce procès, le Roi de Sicile dut appeler en garantie le vicomte de Turenne et réunir les documents nécessaires à sa défense. Hugues Liege qui avait été solliciteur du vicomte de Turenne et qui était détenteur de tout ou partie des titres et documents demeurait alors à Figeac en Limousin. Michel de Sesmaisons lieutenant de Beaufort fut chargé avec Jean Legay son sergent de faire donner au vicomte de Turenne l'ajournement en garantie et d'aller à Figeac réclamer à Liege les titres dont il était détenteur ; Liege ne se trouvait plus à Figeac, il était allé en Rouergue (on ne dit pas où), pour ne pas donner les lettres et enseignements relatifs à l'affaire ; de Sesmaisons prit un guide pour le conduire avec son sergent chez lui et se les faire remettre (2).

Les greffiers recevaient des émoluments qui étaient taxés lorsqu'ils faisaient des actes même judiciaires,

---

(1) P 1334[10], f° 185 v°.

(2) 19 mars, 19 mai 1479 (P 1334[10], ff. 185 v°, 192 r°). L'allocation à Michel de Sesmaisons et à son sergent est de 112 l. pour un voyage qui dure 46 jours ; il est alloué 15 sous t. pour le guide. — Il y a eu probablement quelque erreur dans le détail donné du partage de cette indemnité entre le lieutenent et son sergent.

mais qui sortaient de leurs fonctions ordinaires (1).

Les enquesteurs (2), huissiers (3) et sergents (4), autres

(1) Le conseil le 18 avril 1478 donne ordre au greffier de Baugé, appelé avec lui un adjoint, de faire une enquête touchant des excès et injures à plusieurs habitants de Beaufort ; la dépense sera payée par le receveur de Beaufort (P 1334[10], f° 135 r°).

(2) A. 12 avril 145$\frac{3}{4}$ alloué 12 écus à l'enquesteur de Touraine pour deux enquêtes qu'il a faites pour le Roi de Sicile, l'une touchant la seigneurie de Chantocé, l'autre touchant les eaux et forêts d'Anjou (P 1334[5], f° 97 v°).

B. Payement de 64 s. 1 d. le 28 juillet 1478 par le receveur d'Anjou pour une enquête faite par Huguet Rocher enquesteur, savoir, un écu d'or valant 32 s. 1 d. t. à l'enquesteur ; 10 s. t. à son clerc, pour avoir minuté et grossoyé lad. information, et 22 s. t. aux douze témoins, à raison de 22 d. (ou deux unzains) par chaque témoin (P 1334[10], f° 156 r°). Le *unzain* ou onze deniers.

(3) A. Alloué en 1376 à Jean Savari huissier d'armes de monseigneur le duc de Savoie 440 fr. en récompense de ses bons et loyaux services (KK 242, f° 24 r°).

B. Alloué le 12 avril 145$\frac{3}{4}$ à Jamet Thibault huissier de la chambre des comptes deux écus pour un voyage qu'il a fait d'Angers à Saumur et Loudun pour porter des lettres closes du Roi de Sicile et du conseil (P 1334[5], f° 97 v°).

C. 24 octobre 1468 mandement de la chambre des comptes à Jean Le Pelletier son huissier pour à la requête du procureur général du Roi de Sicile ajourner devant la chambre des comptes Thomas du Vergier et les héritiers de du Vergier maître des pavages et barrages d'Anjou (P 1334[8], f° 221 v°).

Ainsi dès la fin du xve siècle commence la tendance à la confusion des fonctions d'huissier et de sergent.

(4) A. 25 juillet et 21 août 1376 frais alloués à deux sergents pour leurs salaires et dépens d'aller exécuter plusieurs personnes en plusieurs parties des pays du duc d'Anjou, et pour ajourner des comptables à venir en la chambre des comptes (KK 242, f° 33 v°).

B. Taxé 10 s. t. le 23 septembre 1450 pour avoir porté un mandement du conseil à Chantocé pour faire venir des témoins à Angers (P 1334[3], f° 15 r°).

C. Taxé 30 s. le 28 octobre 1468 au sergent de Chasteauceaux

que les sergents fayés, pour tous leurs exploits me paraissent n'avoir reçu d'émoluments qu'à raison du travail ou du déplacement nécessité par chaque affaire.

Les frais dont je viens de parler jusqu'ici rentrent d'une manière à peu près complète dans la catégorie des frais judiciaires, soit pour arriver à obtenir une décision du juge, soit pour l'exécuter. Voici maintenant quelques exemples de frais autres que des frais judiciaires alloués à des magistrats ou à d'autres officiers du duc d'Anjou.

Le *président des comptes*, comme le juge ordinaire, devait se tenir à la disposition du duc pour se transporter là où ordre lui était donné d'aller (1).

Le *lieutenant*. — Le 5 mai 1452 allocation de 100 s. t. pour avoir impétré du Roi des lettres au sujet des exac-

---

pour être venu en la chambre des comptes demander avis sur l'administration du domaine de Chasteauceux (P $1334^8$, f° 223 v°).

D. Mandement de la chambre des comptes du 21 septembre 1478 au receveur d'Anjou de payer à Micheau Guy sergent du Roi de Sicile la somme de 17 l. 10 s. t. « tant pour sa peine et sallaire et despence de luy que de deux hommes en sa compaignie, lesquelx par l'ordonnance des lieutenant et procureur dud. lieu de Saumur menerent au mois de janvier derrain passé ung prisonnier nommé Loyseau lequel estoit lors pour ses demerites prisonnier es prisons dud. lieu de Saumur en la conciergerie du palais à Paris pour certain appel par lui interjecté dud. lieutenant, et depuis ramené par les dessusd. de lad. conciergerie par ordonnance de la cour esd. prisons de Saumur » ... Ces frais devaient être pris sur les exploiz des amendes de Saumur (P $1334^{10}$, f° 164 v°).

E. Alloué à Fouschier sergent du Roi à Saumur le 6 février $148\frac{0}{1}$ sur ses exploiz tant des assises passées que à venir la somme de C. s. t. pour l'aider à supporter les frais d'un voyage à Paris, attendu que led. Fouschier besongnoit pour ledit seigneur (P $1334^{11}$, f° 22 r°).

(1) P $1334^9$, f° 190 v°. V. ci-dessus p. 215 note 1.

tions faites sur le peuple à l'occasion des guets et gardes des villes de son royaume (1).

*Gens des comptes.* — Allocations diverses au sujet des fouages qu'ils allaient requérir de diverses personnes (2). Ils avaient droit à 2 francs par jour pour des voyages faits en la compagnie du duc ou du lieutenant de monseigneur le duc (3).

*Trésorier d'Anjou.* — Il lui était alloué 60 s. ou 3 livres par jour pour tous ses déplacements (4).

*Elû.* — Alloué les 6 et 7 septembre 1452 à Jean Fournier 100 l. t. pour un voyage qu'il a fait devers le Roi de France en compagnie du sire de Loué par l'ordonnance du conseil du Roi de Sicile pour la suppression d'un droit de 20 s. par pipe de vin (5).

*Secrétaire du duc et clerc de ses comptes* ou *secrétaire du conseil.* — Les déplacements de Rayneau et de Buynart son prédécesseur sont presque continuels, et ce ne sont pas seulement des déplacements dans l'Anjou et le Maine, il y a des voyages jusqu'à Guise en Lorraine (6).

---

(1) Marchegay, Arch. d'Anjou, t. II, p. 21, extrait des comptes de la cloison d'Angers.

(2) KK 242, f° 79 v°.

(3) Lettres du duc du 20 juillet 1376; lettres du sire de Chasteaufromont pour voyage du 23 février au 4 mars $137\frac{6}{7}$ (KK 242, f° 53 v°).

(4) P 1334[10], ff. 185 r°, 187 r°. V. ci-dessus page 219, note 2.

(5) Il fut en même temps accordé 200 l. au sire de Loué (Guy de Laval) pour la même affaire (Marchegay, *op. c.*, p. 21 et 22).

(6) A. A Etienne Buynart secrétaire du duc et clerc de ses comptes, service tant en la chambre de ses comptes que pour aller plusieurs fois à Guyse en la compagnie de Jean Lebegut conseiller et l'un des gens des comptes, 40 fr. le 5 janvier $137\frac{6}{7}$

*Clercs.* — Celui que j'ai le plus souvent rencontré est le clerc du procureur d'Anjou ; il me paraît l'avoir toujours accompagné (1).

---

en vertu de lettres du seigneur de Chasteaufromont secrétaire du duc (KK 242, f° 52 r°).

B. A Lucas Lefèvre pour être allé au Mans en août 1378 du commandement de messeigneurs des comptes en compagnie de l'évêque de Saint-Brieuc, pour les cens et rentes anciens du Maine (*Eod.*, f° 105 v°).

C. A Sancheterre secrétaire de monseigneur le duc envoyé par délibération de monseigneur le lieutenant et des gens du conseil en 1378 par devers monseigneur de Berry pour porter lettres closes au sujet du débat pour le territoire de Saint-Loup (*Eod.*).

D. A Rayneau 12 l. t. alloués le 28 novembre 1456 pour être allé à Loudun suivre le recouvrement de diverses sommes (P 1334[6], f° 130 v°).

(1) A. A Guillaume Delatousche clerc 40 l. t. sur 60 pour ses services en l'office de faire et ordonner les procès des assises de Touraine et registrer les amendes d'icelles, lettres du 27 juin 1376 (KK 242, f° 51 r°).

B. A Jean Tahureau clerc de Torchart procureur d'Anjou, 40 fr. remboursement de dépenses faites à Paris, lettres du seigneur de Chasteaufromont, 25 mars $137\frac{6}{7}$ (*Eod.*, f° 52 v°).

C. Mandement du 22 février $137\frac{8}{9}$ au même, ordonné par monseigneur le lieutenant par l'advis et délibération des gens du conseil à Angers pour faire ses despens en allant d'Angers à Paris et y être au jour des présentations et porter des mémoires pour l'impétration de plusieurs lettres nécessaires pour le domaine du duc d'Anjou (*Eod.*, f° 106 v°).

D. Alloué le 22 avril 1459 2 écus d'or au clerc du procureur d'Anjou pour impétrer du Roi de France qui était à Tours des lettres de relief d'appel (P 1334[7], f° 43 r°).

E. Chambre des comptes 28 avril 1459, allocation de 10 l. au procureur de Baugé pour être allé avec son clerc visiter des cens qui étaient en cadiz et les réformer (*Eod.*, f° 44 r°. V. ci-dessus page 219, note 1 A.

## § 5.

### *Taxe des frais de justice.*

Le principe général proclamé par Liger (§ 911) est que la taxe des dépens doit être faite par le juge (1). Cette règle cependant ne paraît pas avoir été acceptée sans contestation ; car nous voyons dans la plupart de ses arrêts que le Parlement se réserve la taxation des dépens ; et cette réserve ne se retrouve pas seulement dans les actes de cette haute juridiction, mais aussi dans ceux de juridictions inférieures telles que l'assise du Mans (2).

La taxation avait lieu contradictoirement avec la partie condamnée aux dépens (3). Une conséquence est que les parties peuvent transiger, faire un règlement amiable (4), et que dans des procès où les défendeurs sont nombreux,

---

(1) Taxe faite par le juge d'Anjou Breslay le 3 avril 147$\frac{2}{3}$ à la suite d'un procès entre le Roi de Sicile et le seigneur de la Tour touchant certains droits prétendus en la seigneurie de la Galouere (P 1334[9], f° 195 v°). Taxe de frais dans un procès entre le Roi de Sicile et les habitants de Meron par Thomas de Servon juge de la prévosté etc.... en 1455 (P 1334[5], f° 136 r°).

(2) Assise du Mans du 9 septembre 1460, confirmation par le juge du Maine d'une sentence du bailli de Foulletourte (R[5] 395, f° 201 v°)... Autre sentence du juge du Maine postérieure à 1465 (R[5] 397, f° 258).

(3) Texte G, §§ 90 à 96 ; Coûtumes d'Anjou et du Maine, t. III, p. 43.

(4) 4 juillet 1413, Richard Chenu a composé et finé avec le procureur du Roi de Sicile P. Soybaut sur des dépens et dommages et intérêts auxquels il a été condamné par le Parlement en cause d'appel du juge ordinaire d'Anjou (P 1334[4], f° 126 v°).

comme dans des procès contre des communautés d'habitants, celui qui a obtenu gain de cause (notamment le duc d'Anjou) peut offrir une réduction du chiffre des dépens à la charge de la partie condamnée si elle s'acquitte dans un certain délai (1).

Cependant, même lorsqu'il s'agit de frais purement judiciaires, la taxe préalable n'était pas toujours faite par le juge ou le lieutenant ; elle pouvait l'être par la chambre des comptes dans des cas où il s'agissait de frais faits dans de véritables procès (2).

Je crois aussi qu'il en devait être de même lorsqu'une dépense ayant un caractère judiciaire était faite en vertu d'un mandement exprès de la chambre des comptes avant qu'il y eût un procès commencé (3).

---

(1) Plusieurs habitants de Meron à la suite d'un procès avec le Roi de Sicile sont condamnés à des dépens qui montent pour chacun d'eux à 7 l. 11 s. et 8 d. t. Ceux qui avant l'Angevine 1455 payeront cent s. t. au procureur d'Anjou seront quittes des dépens, arrérages et intérêts du procès ; ceux qui pourront montrer autre composition particulière avec led. procureur ne sont pas compris dans cet appointement, lad. composition demeure en son entier du consentement dudit procureur (P 1334[5], f° 136 r°).

(2) 3 juin 1480, mandement de la chambre des comptes au receveur de Beaufort, Etienne Aubin, de payer 7 l. 4 s. 2 d. au procureur général du Roi de Sicile, au procureur et au sénéchal de Beaufort et au clerc du receveur d'Anjou « lesquelles sommes ont esté par nous tauxées et ordonnées aux dessusd. pour les causes dessusd. » (P. 1334[10], f° 237 v°) Il s'agissait d'un procès en l'assise de Baugé ; le procureur d'Anjou avait fait une enquête du commandement du juge ordinaire d'Anjou.

(3) Chambre des comptes 16 avril 1478, mandement à Etienne Aubin de faire la dépense du procureur, de Me Jean Muret et de l'avocat d'Anjou commis à faire l'enquête touchant le droit de confiscation des bêtes non herbagées dans les forêts de Bellepoule et de Beaufort (P 1334[10], f° 139 r°). La promesse faite

Enfin quand il s'agit de ces frais pour déplacements dont j'ai donné de si nombreux exemples, et qui ne se rattachent que d'assez loin aux frais de justice proprement dits, l'ordre de les payer adressé aux divers receveurs des finances en contient implicitement la taxe. Je ne puis à cet égard que renvoyer à ce que j'ai dit ci-dessus p. 213 et suiv. (1). On peut joindre des ordres de payer émanés directement du conseil, ou même du Roi et de la Reine de Sicile.

---

par la chambre des comptes d'allouer dans les comptes la dépense qui sera faite indique implicitement le pouvoir de vérifier si elle a été faite, de la taxer. D'ailleurs il est possible que sur une enquête ainsi faite, qui se rapproche beaucoup de ce que nous appelons aujourd'hui une enquête administrative, il n'y ait pas de procès ni de décision judiciaire émanant d'un tribunal.

(1) A. Jean de la Haye sire de la Salle justifie le 18 février 140$\frac{4}{5}$ au conseil d'un voyage à Jargeau, Paris et retour à Angers pour les affaires du Roi de Sicile ; il lui est alloué 288 l. d'indemnité à raison de 3 frans par jour (P 1334[4], f° 75 r°).

B. Payement de 16 l. parisis à Jean Guillement pour voyage de Bourges à Angers relatif aux finances du Roi de Sicile, le 10 août 1423 ; il s'agissait de la *parpaye* d'un prêt à lui fait (KK 56, f° 32 r°).

C. Conseil 25 avril 1478, mandement au trésorier de payer à Raoulet Theault 18 l. pour le voyage qu'il a fait en Provence pour le fait des finances, au sujet d'entreprises sur les droits du Roi de Sicile en sa seigneurie de La Roche-sur-Yon (P 1334[10], f° 139 v°).

D. Septembre et octobre 1456, à Me P. Guiot, licencié en lois, lieutenant etc... 55 s. t. pour avoir fait doubler en papier certains mémoires en latin faits par le chancelier de Provence pour notre comté de Beaufort (Comptes de Legay, argentier de la Reine de Sicile, Bibl. Nat. fr. nouv. acq. 894).

E. Lettres de René du 15 septembre 1478 à James Louet contenant taxation et mandement de payer à Guillaume Fournier le jeune licencié en lois, avocat en Parlement à Paris 10 l. t. pour ses peines et salaires d'avoir vaqué l'année dernière en les conseils et affaires du Roi de Sicile en la cour de Parlement (P 1334[10], f° 166 v°).

## § 6.

### *Recouvrement des amendes.*

Les profits de justice, en tête desquels figurent les amendes, étaient un des revenus importants du duc d'Anjou. C'était une conséquence de ce que la justice de son duché lui appartenait, il les avait au même titre que tous seigneurs justiciers avaient les amendes prononcées dans leurs justices. Ce principe a été nettement proclamé par le conseil du duc d'Anjou : le Roi de France lui avait donné le profit des greniers à sel du pays d'Anjou, mais le titre de donation ne s'était pas clairement expliqué sur la question de savoir à qui devait appartenir le produit des amendes. Des poursuites avaient eu lieu devant les juridictions du Roi de France à Paris et des amendes et autres peines avaient été prononcées. Le conseil en se fondant sur ce que le don fait par le Roi au duc d'Anjou, était fait de tout le profit des greniers à sel d'Anjou que les abus dont se plaignaient des commissaires du Roi de France avaient eu lieu en Anjou, avaient pour auteurs des sujets du duc d'Anjou, et amenaient une diminution du revenu des greniers à sel, écrivit le 19 avril 1457 au Roi de Sicile une lettre pour qu'il demandât au Roi de France « les amendes qui seroient taxées sur les delinquans ses sujets demeurant en Anjou, et aussi sur ceux qui ont delinqué et commis abus ou fait du sel en Anjou en quelque seigneurie qu'ils demeurent ; et posé qu'elles ne venissent à grand prouffit, neanmoins si les devez demander pour la conservation de vos droits, et afin que les puissiez avoir ainsi pour l'avenir » (1).

La procédure donnait lieu, de même d'ailleurs que dans le reste de la France, à de très nombreuses amendes (2). Elles étaient prononcées soit pour les défauts, soit pour inexactitudes dans la procédure, soit pour contradictions dans les conclusions des parties ; la plupart de ces amendes étaient fixées d'avance par la coûtume. Il y avait aussi des amendes prononcées pour des faits que nous qualifions aujourd'hui de délits ou contraventions ; le plus souvent elles étaient arbitraires, mais quoique arbitaires en droit, elles ne l'étaient peut-être pas autant en fait qu'on pourrait le supposer ; elles paraissent avoir eu bien souvent le caractère de dommages et intérêts.

Le *quantum* de l'amende n'était pas toujours fixé immédiatement par la sentence qui prononçait la condamnation ; la partie condamnée était *mise en amende*, et la *tauxation* comme on disait pouvait n'avoir lieu que longtemps après la sentence ; celles des Grands Jours d'Angers du mois de septembre 1402 ne furent baillées par déclaration que le 5 novembre 1403 (3). La partie condamnée *gageait* l'amende, c'est-à-dire donnait des garanties pour le payement. Une conséquence de cette manière de procéder est que l'amende pouvait être taxée ailleurs que dans l'assise où elle avait été prononcée (4),

(1) P 1334[5], f° 207 v°.

(2) V. la table alphabétique de mes Coûtumes d'Anjou et du Maine, t. IV, v° *Amendes*.

(3) P 1334[4], f° 69 r°.

(4) Les amendes de l'assise des eaux d'Angers tenue au Pont-de-Sée en octobre 1405 par Jean Lepaintre pour Jean Sau-

par des magistrats qui n'avaient pas pris part à la sentence et qui agissaient en vertu d'un pouvoir propre, alors même que ce sont le juge ou le lieutenant (1), à plus forte raison quand prennent part à cette taxation les officiers des finances, le maître des eaux et forêts (2), l'avocat, le procureur, *et autres* dont la qualité n'est pas indiquée (3).

Dans les cas même où ces amendes étaient fixées d'avance par la coûtume, comme elles étaient assez différentes pour des cas offrant souvent entre eux une grande similitude, il pouvait être nécessaire de vérifier attentivement celle qui se trouvait applicable au cas sur lequel l'assise avait statué. De même aussi dans le cas où les amendes étaient arbitraires (4).

---

laie lieutenant général du maître des eaux et forêts furent taxées à Baugé après la Toussaints 1406 par Macé de Saint-Jean en la présence d'Etienne Fillastre juge ordinaire, Olivier Tillon, le procureur du Roi à Baugé et plusieurs autres gens du conseil ; lesquelles amendes ont été baillées à Girart Christian receveur d'Anjou par Jean Saulaie (P 1334[4], f° 87 v°).

(1) Amendes taxées par Pierre Guiot lieutenant d'Angers le 4 mars 140$\frac{0}{1}$ (P 1334[4], f° 52 v°) ; et par le lieutenant de Baugé le 7 novembre 1482 (P 1334[11], f° 135 r°).

(2) P 1334[4], f° 19 r° ; il s'agissait de mesusage dans les forêts du Roi de Sicile dont les religieux du Loroux s'étaient rendus coupables.

(3) R[5] 396, ff. 18 r°, 19 r°.

(4) A. Le 4 mars 140$\frac{0}{1}$ Jean Maubrun gaige l'amende à la volonté de la cour pour ce qu'il avait nié au procureur d'Anjou en la presence du conseil qu'il eust payé une lettre des contratz d'Angers au temps de Jean Prodome tabellion qui l'accusoit de l'avoir passée sans congié, et depuis connut l'avoir passée. Laquelle amende fut baillée à tauxer à Pierre Guiot lieutenant d'Angiers, et pour icelle mettre avec les parties de ses autres amendes (P 1334[4], f° 52 v°).

B. Aulbin de Beaufort est accusé de n'avoir pas fait le re-

Les amendes, de même que les autres revenus du duc d'Anjou pouvaient être l'objet de concessions et d'arrangements, alors surtout que ces concessions ou arrangements avaient pour but de faciliter l'augmentation des revenus d'une autre partie du domaine du duc, telle que l'exploitation de ses forêts (1), ou lorsqu'il s'agissait d'amendes fiscales auxquelles on a toujours attribué le caractère de dommages et intérêts (2).

Souvent l'amende était payée aussitôt qu'elle avait été taxée (3). Souvent aussi le recouvrement n'en avait lieu que plus tard ; pour l'assurer, après chaque session le

---

couvrement d'amendes et d'avoir détourné des fonds qu'il devait verser au receveur de Beaufort; information par le lieutenant de la justice et le procureur de Beaufort; lequel Aulbin congnoissant qu'il était chargé par lesd. informations a gaigé l'amende en la main de monsieur le juge d'Anjou à la volonté de messeigneurs du conseil et dud. juge qui l'en a jugé de son consentement et condamné... (P 1334[6], f° 227 r°).

C. Transaction avec Hobereau, v. ci-après.

(1) Pour faciliter l'exploitation des bois d'Anville dépendant de la forêt de Bellepoule, le conseil le 8 mars 140$\frac{2}{3}$ accorde aux marchands pour 5 ans la moitié des forfaitures et amendes venant par leur amenée.... prendre, arrêter et emprisonner ceulx qu'ils ou leurs commis trouveront exploitant et delinquant esd. bois... et leur en a esté baillé commission. Donné et passé soubz le seel de la justice .. (P 1334[4], f° 65 r°). Adjudication définitive aux mêmes conditions le 25 avril suivant (*Eod.*, f° 66 v°).

(2) Transaction du 11 novembre 1457 avec un nommé Hobereau qui avait fait une fausse déclaration pour l'acquit d'un péage ; il expose que c'est la première fois, qu'il n'a jamais mené marchandise par cet endroit et demande qu'on prenne sa pauvreté en considération ; devant la chambre des comptes il a finé et composé à 15 l. t. pour l'amende, son chalan et la marchandise lui sont remis à plaine délivrance (P 1334[6], f° 213 r°).

(3) R[5] 396, f° 9.

greffier faisait un rôle des amendes qui avaient été prononcées pendant l'assise ou tauxées à la suite de la session. La présence du receveur d'Anjou paraît avoir été nécessaire à la taxation des amendes (1).

Ces amendes étaient mises sur un rôle arrêté et rendu exécutoire aussitôt après l'assise par le juge ou le lieutenant qui l'avait tenue, et celui qui en avait fait le recouvrement venait en rendre compte à la chambre des comptes (2).

Elles étaient classées par les noms des sergents qui avaient fait les exploits, et c'était à ceux-ci qu'on remettait ensuite un extrait de ce rôle pour que chacun d'eux fît le recouvrement des amendes prononcées dans chacune des affaires dans lesquelles il avait instrumenté (3).

---

(1) Jean de la Vignolle greffier du lieutenant d'Angers auquel la chambre des comptes a demandé l'apport de tous les papiers de son greffe demande le 5 décembre 1452 qu'on veuille bien surseoir quelques jours à la production du livre des amendes parce que celles du temps présent sont encore à tauxer pour l'absence du receveur d'Anjou qui sera revenu dans le délai demandé; cet apport a lieu le lendemain (P 1334[5], f° 136 v°). Le 8 avril 145$\frac{3}{4}$ Antoine de la Vignolle vient en la chambre des comptes avec un rôle des amendes de l'assise d'Angers tenue en mars 145$\frac{1}{2}$ disant que par l'ordonnance de feu monseigneur le juge d'Anjou il a fait la recette des amendes de lad. assise, et vient pour en rendre compte (*Eod.*, f° 197 r°).

(2) Antoine de la Vignolle après avoir fait par l'ordonnance du juge ordinaire la recette des amendes de l'assise d'Angers tenue en mars 1451, vient le 8 avril 145$\frac{3}{4}$ rendre son compte (P 1334[5], f° 197 r°).

On peut voir par analogie le rôle des amendes des Grands Jours de Thouars en 1455. Ces amendes recevaient quelquefois une destination spéciale (Grands Jours tenus à Thouars en 1455, Parlement X[1A] 9210, ff. 268, 271 r° et v°).

(3) A. Amendes et exploiz de la verderie de Saint-Sever et Mons-de-Lencre en tant qu'il y en a en la vicomté de Vire

Les rôles des amendes étaient recouvrés par les sergents sous l'autorité de la chambre des comptes qui ordonnait les poursuites dans les cas où il y avait lieu à exécution (1).

---

pour les termes de Pasques passé 1478, tauxés par nous Raoul Sauquet lieutenant général de lad. verderie sur les personnes cy-après :... Suivent les amendes.

vers court.....
vers..... (nom de la partie qui en profite)
l'un vers l'autre.....
pour bois.....
pour bestes.....

elles sont rangées suivant les sergents qui ont fait les exploits (Bibl. nat., Cabinet des titres, pièces originales, dossier Delacroix, 20656, n° 27, vol. 936). Quoique ce document soit étranger à l'Anjou, je le cite parce qu'il est complet et reproduit avec exactitude toutes les énonciations qui devaient être dans les états semblables émanés des juridictions de l'Anjou et du Maine.

B. Amendes des assises royaux du Mans commencées à tenir par nous Raoul Blanchet licencié en loix, lieutenant de mons[r] le juge ordinaire du Maine le lundi xie jour de mai 1495.

Maïenne

Guillaume Bodin. — xx s. pour delees de son denonciement par deffaut de preuve, fait es mains de..... nostre sergent.

.......................................................................

Ernée.

Pierre Mochin, de Juvigné. — xx s. pour deffault de terme o intimacion.....

A chaque assise, état des amendes encourues pour les cas prévus par la coûtume. La dernière assise est celle du 4 novembre 1499. Chaque état est par l'amenée de chaque sergent sur deux colonnes : 1° le nom de celui qui est mis en amende, 2° le motif (R[5] 403, f° 5 r°).

(1) 7 novembre 1482, mandement de mess[rs] des comptes au premier sergent du Roi sur ce requis, que à la requête du procureur général il exécute reaulment et de fait Guillaume Montoys du Vieil-Baugé de la somme de 20 l. t. d'amende en quoy il s'est trouvé debteur envers led. seigneur et tauxé extraor-

Lorsque la tauxation n'avait pas été faite, le procureur pouvait requérir qu'elle le fût, et il s'adressait pour cela à la chambre des comptes, de quelque juridiction que provînt l'amende. La chambre avait le droit de modérer l'amende, mais en présence du procureur. Elle avait le droit de fixer un délai dans lequel la tauxation devait être faite (1).

Tout ce qui est relatif au recouvrement des amendes était du ressort de la chambre des comptes qui paraît avoir eu compétence générale résultant d'une commission du Roi de Sicile (2) pour en connaître. Peut-être même cette commission n'était pas absolument nécessaire puisqu'il s'agissait du recouvrement d'une partie des revenus du Roi de Sicile. L'opposition à l'exécution d'une amende pouvait être faite directement devant le lieutenant; il est probable que c'est celui qui avait prononcé l'amende. Mais que ce soit lui ou le lieutenant du sénéchal, il me paraît avoir été tenu de renvoyer à l'as-

---

dinairement pardevant le lieutenant dud. lieu de Baugé ; — et pareillement soit exécuté Jehan Hervé dud. Vieil-Baugé de 60 s. d'amende en quoy il fut pareillement tauxé par led. lieutenant..... Si n'y faictes faulte..... (P 1334[11], f° 135 r°).

(1) A. 26 octobre 1451, réduction à 60 sols d'une amende encourue par un nommé Le Parcheminier pour avoir voulu frauder un péage (P 1334[5], f° 25).

B. Le 22 mai 1459 le procureur d'Anjou requiert de la chambre des comptes la tauxation des amendes pour défauts prononcées contre des plaideurs ; mettre en état d'ici à la Madeleine (P 1334[7], f° 48 v°).

(2) L'opposition faite par le seigneur de Champeigne à l'exécution commencée contre lui pour le recouvrement d'une amende prononcée par les Grands Jours de septembre 1402 est portée devant les gens du conseil et des comptes à Angers, *commissaires en ceste partie* (P 1334[4], f° 64 r°).

sise (1). Cette opposition pouvait aussi être portée devant la chambre des comptes en vertu de sa compétence générale (2) ; l'opposant donnait ses explications par écrit, et elles étaient jointes à l'état fourni par le sergent (3).

Les opposants à l'exécution des amendes venaient devant la chambre des comptes par l'amenée du sergent qui avait été commis à faire la dite exécution (4). Il est probable que c'est à lui que la partie devait déclarer qu'elle s'opposait.

Lorsque l'opposition était ainsi portée devant la chambre des comptes, il était loisible à ladite chambre de conserver la connaissance de l'affaire dans ces termes, ou de la renvoyer à l'ordinaire, c'est-à-dire devant l'assise compétente. Les poursuites dirigées contre le sei-

---

(1) L'assise des eaux d'Angers tenue au Pont-de-Sée le 30 octobre 1405 prononce contre l'abbé et le couvent de Saint-Nicolas une amende taxée à 20 livres pour avoir usurpé sur la justice du comte en faisant saisir « un engin de non-maille à prendre poisson, et le faisant ardoir par main de justice », c'est-à-dire par leur justice. Opposition devant le lieutenant qui renvoie à l'assise d'Angers. 13 septembre 1407, renvoi au second jour de la prochaine assise. 24 octobre, le procureur de l'abbé de Saint-Nicolas se délaisse de son opposition et promet de payer. A cause de cette promesse il est mis hors de plet et de procès sans amende (P 1334[4], f° 87 v°).

(2) Opposition faite par l'abbé du Loroux à l'exécution de deux amendes d'ensemble 120 l. pour mesusage dans les forêts de Chandeloys et de Monnois ; ces amendes avaient été tauxées par Me Guillaume Leroy maître des eaux et forêts d'Anjou et du Maine. L'opposition était venue pour la première fois le 14 décembre 1397 (P 1334[4], ff. 18 r° et 19 r°).

(3) Attachées au cayer des debtes signé par et au droit de la clause dont desd. amendes est faite mention (*Eod.*, f° 19 r°).

(4) P 1334[4], f° 69 r°.

gneur de Champeigne dont je viens de parler (p. 235, note 2) furent d'abord portées le 23 janvier 140$\frac{2}{3}$ devant la chambre des comptes qui conserva la connaissance de l'affaire en la renvoyant à divers jours d'assise jusqu'au 7 septembre 1403 ; à cette date l'affaire fut « envoyée à l'ordinaire à requeste de partie et par ordonnance du juge et aucuns autres du conseil ». Ce renvoi à l'ordinaire est encore plus marqué par une note marginale du registre qui dit que la cause a été renvoyée à l'assise du Mans.

Le sergent qui faisait ce recouvrement devait rendre compte à la chambre en présence du procureur ; s'il n'était pas présent au jour indiqué, il devait être appelé pour un jour fixé (1). Sa présence était aussi nécessaire lorsqu'il y avait lieu de prononcer une condamnation qui pût devenir exécutoire (2).

L'intervention du procureur devait aussi avoir lieu lorsqu'il s'agissait de l'exécution forcée pour le paiement des amendes ou des peines commises pour engagements pris afin d'assurer la comparution en justice des parties (3).

Les sergents étaient responsables des amendes du recouvrement desquelles ils étaient chargés. Ils devaient

---

(1) P 1334$^5$, f° 197 v°.

(2) P 1334$^4$, f° 16 *bis*

(3) La veuve de Jean Trochet s'était défaillie de terme o jugement qui lui avait été donné le 21 avril 145$\frac{0}{1}$, cet engagement avait été pris par elle sous une peine de 100 livres ; comme elle avait fait défaut, il fut ordonné le 1er décembre 1451 par la chambre des comptes qu'elle serait ajournée la cause tenant envers le procureur pour voir la peine commise, et à ce que le procureur voudra requérir (P 1334$^5$, f° 78 r°).

faire aux receveurs le versement de celles qu'ils avaient perçues. C'est aux segraiers que ces versements devaient être faits quand il s'agissait des amendes forestières. Après chaque assise le segraier devait contraindre le sergent de le payer, ou demander à l'assise de commettre un autre sergent à sa place si sa négligence était trop grande. Il en résulte que en cas d'insolvabilité du sergent la perte retombait en définitive sur le segraier ; elle ne pouvait retomber sur le Roi de Sicile (1).

(1) P 1334[6], f° 15 v°.

CHAUMONT. — Imprimerie et Lithographie. — CAVANIOL.

CHAUMONT. — Typographie et Lithographie — CAVANIOL.

www.ingramcontent.com/pod-product-compliance
Ingram Content Group UK Ltd.
Pitfield, Milton Keynes, MK11 3LW, UK
UKHW022041190726
13855UKWH00002B/381

9 782013 046923